Liebe Säsi,

lange habe ich heute dieses schöne Buch durchgeblättert und mir fest gewünscht, dass es anderen Menschen so viel Freude macht, wie uns beiden. Was mir dabei aufgefallen ist: Diese Geschichte liest sich ein wenig so, als hätte nur ich dir geholfen ... Darum wollte ich das dringend gleich auf der ersten Seite richtig stellen. Denn im Grunde hast mein ganzes Leben lang immer du mir geholfen!

Kleine Schwester hin oder her, seit dem Tag, an dem dich die Eltern nach Hause gebracht haben warst du für mich da und bist es bis heute, wie eine „Große". Schlafen ohne dich bei mir im Bett, das ging ganz lange überhaupt nicht. Puppen spielen, Bücher lesen, Puzzle bauen, das Haus auf den Kopf stellen, immer warst du mit dabei. Und obwohl ich oft genug versucht hab, dich zum kleinen Sündenbock zu machen, hast du mich nie allein gelassen, weder bei schlimmen Alpträumen oder gruseligen Filmen, noch wenn ich mal wieder was ausgefressen hatte. Als wilder Teenie habe ich eine Zeit lang tatsächlich vergessen, was für ein besonderes Geschenk eine Schwester ist, und wie einzigartig du ganz im Speziellen. Es tut mir leid, dass es Jahre gedauert hat, bis ich wieder sehen konnte wie wichtig du für mich und unsere Familie bist.

Und auch heute, nach allem Leben, das sich so zwischen einen drängt, bist du bei mir, als wärst du nie verloren gegangen. Der erste Mensch, den ich anrufe wenn ich was ausgefressen habe (was leider immer noch vorkommt), der Mensch, der hilft, wenn ich nicht schlafen kann, immer den ehrlichsten Rat, das härteste Urteil und am Ende auch noch die Lösung für alle Probleme parat hat. Mit dir zusammen kann ich Lachen in den schlimmsten Momenten und mich auch heute noch fühlen wie Barbie und Skipper. Und so lang du mit mir Disney Puzzle baust, weiß ich, dass jedes Jahr Weihnachten kommt. Du hast mir in all den Jahren mehr geholfen, als ich es jemals könnte, und dafür möchte ich mit diesen Seiten Danke sagen. Du bist die beste Schwester der Welt und bleibst bitte genauso wunderbar und gesund wie du bist!

Regina ♡

COOK | EAT | LOVE

Regina & Susanne Denk

DENK & DENK
REGINA & SUSANNE

COOK

EAT

LOVE

SUPER SCHNELL

HAMMER LECKER

MEGA GESUND

DAS IMMUNSYSTEM
STÄRKEN MIT GESUNDEN
REZEPTEN FÜR EIN
GLÜCKLICHES LEBEN

INHALT

**Unsere
Rezepte**

28

**Unsere
Food
Heroes**

186

Essen ist Leben
Kochen ist Liebe

Wie für die meisten von uns, war ein gesundes und glückliches Leben für meine Schwester Susanne und mich lange Zeit selbstverständlich. Bis zu dem Tag, an dem ein Schicksalsschlag das Leben unserer ganzen Familie veränderte. Gemeinsam mussten wir lernen, uns gegenseitig Halt zu geben, positiv nach vorn zu blicken und den Lebensmut nicht zu verlieren. Hier wollen wir davon erzählen, welch große Rolle das Kochen dabei gespielt hat. Das ist unsere Geschichte.

Heimatküche

Seit vielen Jahren antworten meine Schwester und ich auf die Frage, woher wir kommen, immer gerne mit: Bayerisch-Kongo. Das ist natürlich mit einem gewissen Augenzwinkern zu sehen, aber auch nicht allzu weit hergeholt. Der Landstrich, den wir Heimat nennen, befindet sich ziemlich versteckt unter weißblauem Himmel im tiefen Niederbayern, an der Grenze zu Österreich. Wunderschön ist es dort, unberührte Natur, Wälder, grüne Wiesen, blaue Flüsse. Weit weg von den Trends und Modeerscheinungen der Großstadt dreht sich der Alltag hauptsächlich um Haus und Hof, vor allem aber um die schönsten Nebensache der Welt: das Essen!

Gegessen wurde bei uns zu Hause sehr lecker, sehr oft, sehr deftig und leider meist auch sehr ungesund. Viel Fleisch, viel Fett und noch mehr Zucker. Kuchen gab es gern schon zum Frühstück, Gemüse meist nur als Deko oder Beilage. Meine Schwester und ich hatten so einige „Lieblings-Schweinereien", die heute wahrscheinlich jedem Ernährungsberater die Haare zu Berge stehen lassen würden. Ganz oben auf der Liste der schrecklichen Leckerbissen standen zum Beispiel süße Waffeln aus dem Toaster, zentimeterdick mit Nutella beschmiert. Kuchen à la Papa war fast ebenso heiß begehrt, da er einfach die besonders leckeren Zutaten, wie Nüsse und Schokolade verdoppelte und zusätzlich noch all das untermischte, was der Süßigkeiten-Schrank gerade zu bieten hatte: Ferrero Rocher, Hanuta vom letzten Wandertag, Balisto-Bruch. Für Tage, an denen wir doch mal genug vom Süßkram hatten, gab es auch salzige Alternativen. Für unsere Version einer „Tomatensuppe" beispielsweise vermengten wir in einer Schüssel Tomatenmark, Sahne und Pizzakäse miteinander

und schmolzen das Ganze anschließend in der Mikrowelle zu einem fein cremigen Brei. Der ließ sich dann wunderbar am Samstagnachmittag auf

der Couch bei einer Folge „Beverly Hills 90210" weglöffeln, bis der Magen schmerzte.

Dabei hatte neben unseren phantasievollen Eigenkreationen schon die bayerische Alltagsküche genügend schwerverdauliche Brocken zu bieten. In Schmalz Gebackenes, Braten, Knödel, Mehlspeisen, Wurst und vieles mehr, das zwar lecker war, der Gesundheit aber nicht gerade guttat. Interessiert hat uns das natürlich nicht – als Kinder, die viel draußen und weder dick noch träge waren, aßen wir einfach, was uns schmeckte. Healthfood, sugar-free oder Clean Eating? Davon hatten damals weder wir noch unsere Eltern je gehört. Wie sehr aber die richtige oder falsche Ernährung unsere Gesundheit, unser Wohlbefinden und unser ganzes Leben beeinflusst, musste unsere Familie anhand von zwei Schicksalsschlägen lernen.

Familienbande

Ich war noch ein Kind, als mein älterer Cousin Georg an Multipler Sklerose erkrankte. Bis zu diesem Zeitpunkt hatte ich von dieser Krankheit noch nie etwas gehört, der Name allein klang aber schon bedrohlich. Während meine Eltern über Therapiemöglichkeiten sprachen und überlegten, wie wir als Familie helfen könnten, hörte ich immer nur: „unheilbar" und „greift den eigenen Körper an". Ich hatte eine riesen Angst. Angst um meinen Cousin Georg, aber auch davor, dass mich dasselbe Schicksal ereilen könnte. Meine Mutter versicherte mir zwar immer wieder, dass MS nicht vererbbar sei, aber warum und wieso diese Erkrankung bei manchen auftritt und bei anderen nicht, das konnte mir keiner erklären. Obwohl meine Eltern und meine Tante sich für Georg stark machten und Therapien organisierten, entwickelte sich seine Krankheit überdurchschnittlich schnell und aggressiv. Es dauerte nicht lange und die ersten äußerlichen Anzeichen, wie Muskelzittern und Gehbeschwerden, traten ein. Uns, seinen Angehörigen, zerriss es dabei fast das Herz. Hilflos mussten wir mit ansehen, wie ein geliebter Mensch litt und ihm das Leben, das er bisher geführt hatte, mehr und mehr genommen wurde.

Vor seiner Erkrankung war mein Cousin stets ein stark naturverbundener Mensch gewesen: Reisen und Wandern, die Berge, das waren seine großen Leidenschaften. Wo immer er gerade herkam, ob aus den Alpen oder aus Kanada, immer hatte er kleine Andenken für mich und meine Schwester mit im Gepäck. Bis heute habe ich einen kleinen aus Holz geschnitzten Orca als Glücksbringer aus dieser Zeit bei mir zu Hause stehen. Doch schon wenige Jahre nach der Diagnose war dieses Leben für ihn nicht mehr möglich. Trotz aller Bemühungen verschlechterte sich sein Zustand rapide, und zu allem Übel zerbrach an seiner Krankheit auch noch seine Ehe. Mein Cousin kehrte in sein Elternhaus zurück, wo ihn meine Tante nach besten Kräften und mit aller Mutterliebe umsorgte. Ich erinnere mich noch gut an die Besuche, egal ob zum Kaffee oder zum Mittagessen am Sonntag, bei denen es für Georg immer einen doppelten Nachschlag gab, ein extra großes Stück Torte oder das größte Stück Fleisch. Worauf immer er Appetit hatte, es wurde für ihn gekocht. All die kleinen und großen kulinarischen Sünden, die man sich eigentlich nur zu besonderen Anlässen erlaubt, wurden von da an für Georg zur Regel. Und dabei wirkte trotz aller guten Absichten die Küche meiner Tante vermutlich wie ein Brandbeschleuniger auf die Entwicklung seiner Krankheit. Denn unser Immunsystem, ob gesund oder angeschlagen, reagiert nicht nur äußerst sensibel auf bestimmte Inhaltsstoffe in Lebensmitteln, sondern auch darauf, wann wir essen und wie wir essen. Nicht alles, was uns im Alltag als gesund verkauft wird, tut uns wirklich gut, andere Lebensmittel wiederum wirken wahre Wunder für unsere Abwehrkräfte. Wie entscheidend seine Ernährung für den Verlauf von Georgs Krankheit war, wusste ich damals genauso wenig, wie meine Tante. Das lernte ich erst viel später, und aus noch traurigerem Anlass.

Lebensmut

Seit dieser Zeit hatte ich große Angst, eines Tages Georgs Schicksal zu teilen. Zwar gab es keinerlei Anzeichen dafür, aber als Teenager war ich felsenfest davon überzeugt, dass seine Krankheit auch tief in mir schlummern und nur auf den Tag des Erwachens warten würde. Jedes Mal, wenn mir über Nacht die Arme oder Beine einschliefen, ich Kopfschmerzen bekam oder mich ausgelaugt fühlte, schlug mir das Herz bis zum Hals. Natürlich leuchtete mir ein, dass eine zweite Erkrankung im Familienkreis extrem unwahrscheinlich war, dennoch ließ mich das Thema nicht los.

Meine Ängste versuchte ich mit einem möglichst gesunden Lebensstil in Schach zu halten. Ich hörte auf zu rauchen und nahm mir vor, mehr Sport zu treiben. Meine ersten Joggingrunden waren zwar eine viel größere Qual, als ich mir das gedacht hatte, aber ich blieb dran. Schon nach wenigen Wochen stellten sich erste Erfolge ein, und ich fühlte mich tatsächlich gesünder und glücklicher: Ich hatte mehr Energie als je zuvor. Der Sport kostete mich zwar Kraft, er gab mir aber viel mehr zurück, als er mir nahm. Jeder, der aktiv Sport treibt, viel an der frischen Luft ist und sich gerne bewegt, weiß, dass damit auch ein gesunder Appetit verbunden ist und dass es sich viel leichter läuft, klettert und geht, wenn man richtig isst. Meine nächste Baustelle war also logischerweise die Ernährung.

Als ich für mein Studium nach München umzog, begann ich, in der Küche zu experimentieren und überlegte mir Gerichte, die einen zwar satt und glücklich machen, dabei aber nicht auf die Hüften schlagen sollten. Damals wusste ich noch nicht, dass ich mich später als Food-Redakteurin sogar beruflich mit solchen gesunden Rezepten beschäftigen würde, ich wollte mir einfach selbst etwas Gutes tun und hatte Erfolg. Denn seit meinen Tagen als Teenie war ich wie die meisten Mädchen oft unsicher und unzufrieden mit mir und meinem Körper. Das änderte sich nun schlagartig. Zum ersten Mal in meinem Leben war mein Gewicht stabil, mein Hautbild verbesserte sich, meine Haare verloren den Spliss, und ich konnte mich plötzlich viel besser konzentrie-

ren. Doch das Beste war, dass ich mich endlich von meiner Angst vor Multipler Sklerose oder ähnlichen Krankheiten frei machen konnte. Ich hatte gelernt, meinem Körper zuzuhören und wusste, dass ich kerngesund war. Überglücklich und ein kleines bisschen stolz war ich der festen Überzeugung, ich hätte das Leben im Griff. Aber das sollte sich schon bald ändern.

Das Schicksal ist ein mieser Verräter

Der Tag, der mein Leben und das meiner Familie grundlegend verändern sollte, war ein Samstag und begann wie jeder andere. Nach einer Runde Laufen saß ich mit der Zeitung am Frühstückstisch, als das Telefon klingelte und meine Mutter mir mit zitternder Stimme erzählte, dass meine kleine Schwester seit zwei Tagen ihre linke Gesichtshälfte und die Schulter bis zum rechten Arm nicht mehr spüren würde. Alle ersten Untersuchungen würden auf Multiple Sklerose hinweisen, und es wäre gut, wenn ich nach Hause kommen könnte.

An die Fahrt selbst kann ich mich kaum erinnern, auch nicht daran, wie ich mit meinen Eltern ins Krankenhaus gekommen bin. Ich weiß nur noch, dass ich irgendwann in einem Krankenzimmer stand, meine kleine Schwester im Arm hielt und versuchte, nicht zu weinen. Den Kloß im Hals spüre ich bis heute, wenn ich von diesem Moment erzähle oder schreibe. Es ist noch immer schwer zu vermitteln, wie es sich anfühlt, wenn das, wovor man im Leben die größte Angst hat, dem Menschen zustößt, den man am meisten liebt. Aber an diesem Tag und an vielen weiteren danach war meine kleine Schwester größer als ich, größer als wir alle – von der ersten Sekunde an machte sie sich stark gegen die Diagnose. Während ich mich hilflos und ohnmächtig fühlte, blickte sie bereits nach vorne und konnte ihrer Erkrankung sogar noch etwas Gutes abgewinnen: So traurig, wie wir alle seien, müssten wir sie ja wirklich lieb haben. Das fühle sich gut an. Unsere Liebe und unser Zusammenhalt waren etwas, an dem wir uns festhalten konnten. In den Tagen der ersten Kortisontherapie und den Wochen danach, in denen die MS-Diagnose schließlich bestätigt wurde, immer war jemand von uns an Susannes Seite. Meine Eltern, ihr Freund Jürgen, ich, unsere Freunde oder Verwandten. Es war traurig und schön zugleich zu lernen, dass es meist die Momente tiefen Schmerzes sind, die uns das Leben und die Liebe zu unseren Nächsten erst richtig schätzen lassen.

Ich fragte mich in diesen Tagen immer wieder, wie sich die Unterstützung für meine Schwester möglichst auch in Zukunft aufrechterhalten ließe und ich ihr am besten helfen könnte. Zum ersten Mal begann ich, mich wirklich intensiv mit MS und Therapiemöglichkeiten abseits einer medikamentösen Behandlung zu beschäftigen. Richtig überrascht war ich, als ich herausfand, wie sehr das, was wir essen, den Krankheitsverlauf beeinflusst. Noch größer aber war mein Erstaunen darüber, dass ich während der letzten Jahre ganz unbewusst bereits genau nach den Regeln einer gesunden Ernährung gegessen hatte. Ganz klar also, wie ich meiner Schwester helfen würde.

Du (b)isst nicht allein

Wer sich schon mal mit der Frage nach der richtigen Ernährung bei Unverträglichkeiten, bei Multipler Sklerose oder bei anderen Krankheiten beschäftigen musste, der kennt den Frust, der sich dabei schnell einstellt. Es scheint fast so, als müsse man mit der Gesundheit auch die Freude am Kochen und Essen ein für alle Mal aufgeben. Oft hatte ich das Gefühl, die Fachliteratur würde neben dem Verzicht auf zahlreiche Zutaten auch gleich die Abkehr von jeglichem Genuss vorschreiben. Damit wollte ich mich nicht abfinden. Immerhin eigneten sich viele meiner eigenen Gerichte ja schon für die richtige Ernährung bei MS und waren dennoch vor allem mit dem Blick auf ein gesundes und genussreiches Leben entstanden.

Ich begann also meine Kreationen aufzuschreiben. Rezepte für Susi, so hieß der Ordner auf meinem PC. Damals arbeitete ich bereits als Food-Redakteurin und hatte für meinen Verlag viele wunderbare Kochbücher betreut. Ich kannte Food-Fotografen, Stylisten und Köche, mischte oft mit – vor und hinter der Kamera – und steuerte selbst für das ein oder andere Projekt Rezepte bei.

Zu Hause las ich mich ein in die Dos and Don'ts der richtigen Ernährung bei MS, im Büro interviewte ich jeden, der sich mit Essen beschäftigte. So entstand fast jede Woche ein Gericht, dass ich meiner Schwester zum Nachkochen schickte. Es dauerte nicht lange, und die Fachliteratur flog auch bei ihr aus dem Kochbuchregal. Gekocht wurde, was im E-Mail-Postfach eintrudelte. Trotz der Distanz und unserer vollen Terminkalender schafften wir es auf diese Art irgendwie, miteinander zu kochen. Wir tauschten uns zu den Rezepten aus und riefen so schnell einen ganz besonderen Stammtisch ins Leben. Schon bald begann Susanne selbst zu experimentieren und entwickelte eine riesige Freude an der gesunden Küche. Und der Wandel setzte sich fort. Von uns beiden war sie immer die Gemütlichere gewesen und hatte sich an das Essen unserer Kindheit gehalten. Meine Mutter nannte sie stets liebevoll ihren kleinen Ich-mag-das-nicht-Schlumpf, denn kulinarisch konnte man sie nur schwer für etwas Neues begeistern, die Couch stach jeden Urlaub aus. Doch plötzlich begann meine Schwester Abenteuerreisen zu planen, führ mit dem Motorrad durch Asien und ging klettern in den Alpen. Den Garten verwandelte sie in ein Gemüse-Mekka und veranstaltete mit ihren Freundinnen einen Mädelsabend nach dem anderen. Sie war wie ausgewechselt, und auf mich wirkte auch ihre wöchentliche Neugier auf meine Rezepte wie ein Ausdruck ihres neuen Lebensmuts. Susannes Umgang mit ihrer Krankheit macht mich immer noch richtig stolz. Und dennoch: Multiple Sklerose ist nicht heilbar. Wie alle unheilbaren Krankheiten ist sie ein schlimmer Schicksalsschlag und verändert das Leben von Grund auf. Trotzdem führt Susi heute, Jahre nach ihrer Diagnose, ein beinahe beschwerdefreies Leben. Ich bin mir nicht sicher, ob sie es selbst so beschreiben würde, aber ich als ihre Schwester kann sagen, dass sie heute sogar glücklicher wirkt als je zuvor. Niemand würde Susanne krank nennen. Sie sieht wunderschön aus, ihr strahlendes Lächeln lässt die Sonne aufgehen und erweicht einem das Herz. Vielleicht weil sie weiß, dass sie nicht alleine ist und geliebt wird. Sie hat erfahren, wie viel sie den Menschen um sie herum bedeutet und gelernt, das Leben als Geschenk zu verstehen, das nicht immer hält, was es verspricht, das man aber in vollen Zügen auskosten sollte. Und das tut sie, wann immer sie kann.

Der gesunde Start
in ein neues Leben

Susanne und ich haben trotz unserer Unterschiede durch ihre Erkrankung enger zueinander gefunden, als wir es wohl beide erwarteten. Der Auslöser war ein schlimmer Schicksalsschlag, doch unsere Therapie war das gemeinsame Kochen, mit dem wir uns letztlich gegenseitig geholfen haben. Mit diesem Buch möchten wir vieles und doch sehr wenig. Wir wollen uns gegenseitig Danke sagen für die Hilfe und Unterstützung, aber auch allen Menschen in einer ähnlichen Situation Mut machen, sich nicht unterkriegen zu lassen. Denn es hilft, sich einer solchen Herausforderung gemeinsam zu stellen und neben einer medizinischen Therapie eine lebensbejahende Alltagshilfe zur Hand zu haben. Vor allem aber wollen wir die Gerichte teilen, die uns und unserer ganzen Familie zu einem besseren und gesünderen Leben verholfen haben. Wenn wir nur ein wenig davon weitergeben können, was uns in den letzten Jahren so viel Freude und Energie bereitet hat, dann hat sich dieses Buch schon gelohnt.

Die Rezepte für Susi in diesem Buch sind entstanden, nach dem wir von ihrer Krankheit erfahren haben und sollten vor allem dabei helfen, trotzdem die Freude am Essen nicht zu verlieren. Dennoch ist das hier kein Kochbuch für kranke Menschen, sondern ein Leitfaden für gesunden Genuss und für jeden, der sich und seinem Körper etwas Gutes tun möchte. Besser essen ohne schlechtes Gewissen, das war und ist unser Motto.

Alle Rezepte sind schnell, kinderleicht und für jeden Kocheinsteiger umsetzbar. Und das aus einem ganz einfachem Grund: Menschen, die an Multipler Sklerose leiden, sind oft auch von Müdigkeit und Energielosigkeit geplagt, was komplizierte Rezepte mit langen Zutatenlisten von vornherein ausschließt – unsere Gerichte aber sollen zu einem Leben mit mehr Power verhelfen und niemanden unnötig an den Herd ketten. Zudem war meine Schwester lange Zeit ein echter Koch-Muffel und durfte auf keinen Fall durch einen enormen Kochaufwand abge-schreckt werden. Last but not least leide ich selbst als Hunger-Grant regelmäßig an schlim-men Attacken von hangry (angry weil hungry) und brauche dann so schnell es geht gutes Essen auf dem Teller.

Die verwendeten Zutaten sind in jedem gut sor-tierten Supermarkt und Biomarkt zu bekommen. Viele der Gerichte sind zu einer Zeit entstanden, in der noch niemand Superfoods kannte, und trotzdem wird mit ihnen gekocht. Alle Rezepte sind frei von Industriezucker und allen industriel-len Zusatzstoffen, ohne Fleisch, ohne Ei, teilweise aber mit Fisch und Milcherzeugnissen. Natürlich kann der Fisch immer weggelassen werden, für Milchprodukte findet sich immer ein veganer Ersatz im Rezept. Manche Gerichte, vor allem die süßen, klingen nach fürchterlich schlim-men Schweinereien, sind aber dennoch gesund. Und mal ehrlich, irgendwie müssen wir unseren Nasch-Jiepier ja befriedigen.

Aus den vielen Rezepten der letzten Jahre haben wir für dieses Buch vor allem unsere persönlichen Highlights ausgewählt. Die Gerichte, die uns die Ernährungsumstellung auf eine gesunde Küche leicht gemacht haben. Die Mengenangaben sind, wenn nicht anders ausgezeichnet, für zwei Per-sonen, immer aber für mehrere Menschen, denn für uns war eine Sache besonders wichtig: man is(s)t nicht allein.

Bei jedem Rezept, das ich für Susi geschrieben und getestet habe, war sie in Gedanken immer bei mir. Sie selbst hätte den Weg in ein neues Leben vermutlich nicht ohne die Unterstützung unserer Familie und die ihres Freundes Jürgen geschafft. Alle haben ihren Teil dazu beigetragen, dass wir – mit Georgs trauriger Geschichte vor Augen – zusammen mit Susi ein kleines Wunder erleben durften. Dieses Happy End wünschen wir uns für alle Leser des Buches, und unsere besten Wünsche stecken in jedem Rezept.

Cook | Eat | Love
Regina & Susanne

Was uns glücklich macht

Diäten sind eine schreckliche Sache, denn niemand verzichtet gern freiwillig, ob nun aus ästhetischen oder gesundheitlichen Gründen. In der Regel ist es eine Qual, wenn man das, was man gerne essen möchte, nicht mehr essen darf. Essen soll Spaß machen, es soll unser Wohlbefinden steigern und uns glücklich und zufrieden machen, immerhin ist es eines der schönsten Dinge im Leben.

Susanne und ich sind beide richtig schlecht im Verzichten, wir sind Genießer und wollen das auch bleiben. Anstatt ständig darauf zu achten, was besser nicht auf dem Teller landen sollte, haben wir uns darauf konzentriert, die wirklich guten Lebensmittel so oft und so vielfältig wie möglich in unseren Speiseplan zu integrieren. Nach welchen Kriterien wir unsere kulinarischen Superstars ausgewählt haben, wollen wir in diesem Kapitel kurz erläutern. Darüber hinaus findet sich am Ende des Buchs noch eine übersichtliche Zusammenfassung der besten Lebensmittel für gesunden Genuss.

Die Gerichte in diesem Buch basieren auf den aktuellen Richtlinien für eine ausgewogene und gesunde Ernährung bei Multipler Sklerose oder anderen Autoimmunerkrankungen. Aber nicht falsch verstehen: Man muss nicht erst krank werden, um gesund und lecker zu essen. Ob jung oder alt, kerngesund oder in irgendeiner Art und Weise eingeschränkt – wer weiterliest, wird schnell feststellen, wie leicht es ist, ein paar einfache Regeln in der Küche zu befolgen, mit denen man ganz leicht gesünder kocht. Wer aber einfach nur lecker essen möchte, kann natürlich auch zu den Rezepten vorblättern und gleich loskochen. Wir wünschen in jedem Fall guten Appetit.

Gesunde Energie

Gesund zu essen ist eigentlich ganz einfach. Die wichtigste Regel ist dabei auch schon die simpelste: Damit wir jeden Morgen aus dem Bett steigen können, brauchen wir Nährstoffe, die wir aus Fetten, Eiweiß und Kohlenhydraten bekommen. Unser Körper verwertet diese drei Substanzen ganz unterschiedlich und braucht sie für verschiedene Prozesse. Verzichten sollte man auf keine. Damit man wirklich alle Energie zu sich nimmt, die man im Alltag braucht, empfiehlt die Deutsche Gesellschaft für Ernährung folgende Zusammensetzung:

60 % Kohlenhydrate – 30 % Fette – 10 % Eiweiß

Das Verhältnis kann allerdings von Typ zu Typ variieren, und man sollte vor allem darauf achten, womit man sich am wohlsten fühlt. Mindestens so wichtig wie die Zusammensetzung unserer Ernährung sind die Nahrungsmittel, die sich dahinter verbergen.

Sind Kohlenhydrate wirklich böse?

Kohlenhydrate haben einen bedauernswerten Ruf als die Dickmacher schlechthin. Damit tut man ihnen allerdings unrecht, denn Kohlenhydrate sind unser wichtigster Energielieferant. Aus Zucker und Stärke aufgebaut werden sie je nach Größe und Zusammensetzung unterschiedlich in unserem Körper aufgespalten und weiterverbaut. Sie sind sozusagen der Kraftstoff für unseren Motor. Wichtig ist, ein Gespür für die guten Kohlenhydrate zu entwickeln und die Finger von den bösen zu lassen. Außerdem sollte man die Energiezufuhr an seinen persönlichen Lebensstil anpassen. Wer sich viel bewegt, braucht natürlich mehr Kraftstoff als jemand, der es eher gemütlich mag.

Insulinspiegel – Gleichgewicht tut immer gut

Immer wenn unser Körper Kohlenhydrate aufnimmt, erkennt er den Zucker im Blut und schickt das Hormon Insulin aus der Bauchspeicheldrüse, das hilft, diesen im Körper zu verstauen. Das Insulin aber schnappt sich dabei so viel Glukose und Glykogen aus dem Blut, dass der Blutzuckerspiegel am Ende niedriger ist als vor der Nahrungsaufnahme. Wir bekommen wieder Hunger ... Für eine gesunde Ernährung bedeutet das also, dass der Blutzuckerspiegel möglichst stabil bleiben und nicht allzu hohe Wellen schlagen sollte. In unseren Rezepten verwenden wir oft kohlenhydratreiche Lebensmittel. Wir treiben regelmäßig, aber sicher nicht überdurchschnittlich viel Sport und führen ein aktives Leben. Wir brauchen also die Energie aus Kohlenhydraten, um im Alltag fit zu sein, aber vor allem lieben wir Essen, das satt und glücklich macht. Damit wir nicht ständig Hunger haben und die Energie aus unserem Essen richtig gut umsetzen können, anstatt sie nur zu speichern, konzentrieren wir uns daher bei der Auswahl der Zutaten auf Produkte mit niedrigem glykä-

mischem Index und ausreichend Ballaststoffen. Diese nicht verdaulichen Pflanzenfasern tragen zusätzlich dazu bei, die Zuckeraufnahme im Darm zu verlangsamen und halten uns angenehm satt. Da wir länger verdauen, wird die Insulinfreisetzung verlangsamt, und wir behalten weniger Fett im Körper. Ein weiteres Plus für den Fettstoffwechsel: Ballaststoffe nehmen auf ihrem Weg durch den Körper auch gleich die in der Leber produzierte Gallensäure mit, die es sich sonst dort gemütlich macht. Die Leber muss also neu an die Arbeit, dabei verbraucht sie Cholesterin, der Cholesterinspiegel im Körper sinkt, es freuen sich die Arterien.

Mit Kohlenhydraten verhält es sich also wie mit fast allem im Leben: Nicht alle sind gut, aber es sind auch nicht alle schlecht. Am Ende des Buchs haben wir eine kleine und natürlich nicht vollständige Liste unserer Lieblingsnahrungsmittel mit gutem glykämischen Index und vielen Ballaststoffen zusammengestellt (ab S. 188). Die wahren Superstars darunter sind die Lebensmittel, die in beiden Kategorien punkten können...

Fette – gesättigt oder ungesättigt?

Mit den Fetten verhält es sich ähnlich – wir brauchen sie für eine gesunde Ernährung, und doch gibt es bestimmte Fette und Fettsäuren, die unserem Körper nicht wirklich gut tun. Grundsätzlich sollten wir nur maximal 30 % unseres täglichen Energiebedarfs über Fette zu uns nehmen. Bei

einem Durchschnittswert von 2000 kcal am Tag wären das etwa 60 Gramm täglich. Leider kommen die meisten Menschen mit einer durchschnittlichen Ernährung aber auf mehr als das Doppelte. Fette einfach aus unserer Ernährung zu streichen, kann keine Lösung sein, denn wir brauchen sie nicht nur wegen der in ihnen enthaltenen Energie, sondern auch als Träger der Vitamine A, D, E und K und als Lieferant von Fettsäuren, die der Körper selbst nicht bilden kann. Aus ihnen aber setzen sich viele wichtige Bausteine zusammen, wie Hormone, Botenstoffe, Gallensäuren oder sogar Zellwände und Bestandteile der Nervenfasern. Botenstoffe aus Fettsäuren wirken sich sogar auf die Bildung der Entzündungszellen aus, die der Körper beispielsweise bei Multipler Sklerose aufbaut. Ob die benötigten Entzündungsbotenstoffe aber gebildet werden, hängt ganz davon ab, welche Fette und Fettsäuren man zu sich nimmt. Es gibt einen regelrechten Konkurrenzkampf unter den Omega-3- und Omega-6-Fettsäuren, den wir zu Gunsten unserer Gesundheit steuern können. In unseren Rezepten versuchen wir deshalb soweit wie möglich, Omega-3-Fettsäuren durch Omega-6-Fettsäuren zu ersetzen, sowohl bei sichtbaren Fetten, wie Öl und Margarine, aber auch bei den versteckten Fetten in unseren Nahrungsmitteln. Worauf man außerdem achten sollte, ist die Menge an Arachidonsäure, die ein Lebensmittel

enthält. Das ist eine Substanz, die Entzündungen im Körper auslösen und verstärken kann und die vor allem in Eigelb, Fleisch, und Fisch aber auch in fettarmen Milchprodukten vorkommt, pflanzliche Lebensmittel sind dagegen völlig frei davon. Omega-3-Fettsäuren findet man in Pflanzenfetten, aber auch in vielen Fischfetten. Bevor man sich nun aber in der Analyse der einzelnen Lebensmittel verliert, kann man sich fürs erste einfach an diesen zwei Empfehlungen orientieren:

1. Von tierischem Fett auf Pflanzenöl umstellen.
2. Fleischmahlzeiten reduzieren und durch maximal zweimal Fisch pro Woche ersetzen.

Eiweiß und Proteine – geht das auch vegetarisch?

Eiweiß und Proteine wandeln wir nur zu einem kleinen Teil direkt in Energie um, das Gros wird vom Körper in Funktionsmoleküle wie Enzyme oder Hormone umgebaut. Bei den Eiweißen gilt, dass sie umso hochwertiger sind, je mehr essenzielle (als vom Körper nicht selbst gebildete) Aminosäuren sie uns liefern. Nach dieser Regel wären tierische Eiweiße eigentlich besser als pflanzliche. Allerdings darf man nicht vergessen,

dass tierische Lebensmittel leider immer auch unerwünschte Gäste wie Arachidonsäure, überflüssiges Fett und Cholesterin mit ins System bringen. Wir bevorzugen darum ganz klar Proteine aus pflanzlichen Quellen. Als Faustregel für den Tagesbedarf gilt hier: etwa 0,8 Gramm Eiweiß pro Kilogramm Körpergewicht. Das ist auch ohne täglich Fleisch leicht zu schaffen.

Vitamine – sich einfach mal was Gutes tun

Die meisten Vitamine, die wir zum Leben brauchen und die uns gut tun, kann der Körper nicht selbst herstellen. Glücklicherweise lassen sie sich aber ohne Probleme über das Essen aufnehmen. Idealerweise verarbeitet man dazu frisches, saisonales und wenn möglich lokales Obst und Gemüse. Die Rezepte in diesem Buch sind sowohl von der Auswahl der Lebensmittel wie auch von der Zubereitung darauf ausgelegt, uns möglichst viele gesunde Inhaltstoffe zu liefern. Dabei spielen Vitamine und Spurenelemente eine besondere Rolle, denn sie wirken an vielen Stellen im Körper vorbeugend und unterstützend, etwa als natürliche Antioxidantien.

Bei Stoffwechselvorgängen in unserem Körper, vor allem aber bei Entzündungen entstehen sogenannte Freie Radikale. Das sind gemeine Unruhestifter, die sich mit anderen Stoffen zusammenschließen und richtige Kettenreaktionen auslösen können, wenn sie nicht vorher von Antioxidantien eingebremst werden. In der Regel produziert unser Körper sie in genügender Menge, aber an dieser Stelle kann uns Hilfe von außen auf keinen Fall schaden. Antioxidantien, die sich gut mit der Nahrung aufnehmen lassen, sind zum Beispiel Vitamin A, C und E sowie verschiedene Carotinoide und eine Reihe von Pflanzenstoffen, die sich in grünem Tee, Blaubeeren und Holunderbeeren befinden. Unsere persönlichen Vitamin-Superhelden haben wir auch hier am Ende des Buchs aufgeführt.

Die wichtigste Zutat: Kreativität

Dieser kleine Leitfaden für die gesunde Küche ist in unseren Köpfen und unseren Töpfen entstanden und gewachsen. Denn nachdem Susanne plötzlich nicht mehr alles essen durfte, was sie wollte, war Kreativität gefragt. Unser Ansatz ist nicht als klassische Diät zu verstehen, sondern soll vielmehr die Basis dafür sein, dass sich mit etwas theoretischem Wissen und viel Freude am Essen und Kochen jeder seinen eigenen Menüplan gestalten kann. Anfangs versuchten wir genauer darauf zu achten, was wir essen und wie sich die Inhaltstoffe der Lebensmittel auf unser Wohlbefinden auswirken. Ziemlich schnell entwickelte sich daraus aber ein instinktives Gespür für die richtigen Zutaten.

Überwiegend Frisches, Obst, Gemüse, Samen, Nüsse und Slow Carbs, kombiniert mit einfachen aber intensiven Gewürzen, vielen rohen oder schonend gegarten Lebensmitteln. Entstanden ist eine gesunde, schnelle und abwechslungsreiche Alltagsküche, die jeder leicht nachkochen kann, die wirklich satt und die vor allem richtig viel Freude macht. Wir selbst variieren unsere Rezepte ständig, und so entstehen immer neue leckere Gerichte. Auch das wollen wir unbedingt mit auf den Weg geben. Keine Angst vor der eigenen (Geschmacks-)Note im Rezept. Denn nur damit wird's zum Lieblingsgericht – kreativ zu kochen macht am meisten Spaß.

Grundsätzliches zu unserer Küche

Zutaten: Bei der Auswahl der Zutaten halten wir uns im Großen und Ganzen an die Richtlinien, die wir in der Einleitung vorgestellt haben, die Basis unserer Ernährung ist also eine frische und gesunde Gemüseküche. Wir versuchen dabei möglichst saisonal und lokal zu kaufen, aber natürlich haben auch wir ganz besondere Food-Favoriten, wie zum Beispiel die Kokosnuss oder die Avocado, die es nicht immer vom Bauern nebenan gibt. Auch unsere Methode ist kein letzter Schluss, wenn es um individuelle Vorlieben und Verträglichkeiten geht. Wir raten also vor allem zu einem aufmerksamen Umgang mit dem eigenen Magen und der eigenen Gesundheit. Was schmeckt mir, wann geht es mir nach einem Gericht besonders gut oder eben nicht. Alle Zutaten lassen sich problemlos gegen persönliche Lieblinge aus dem Gemüseregal tauschen und kreativ abändern, nur Mut.

Zubereitung: Viele Zutaten in unseren Rezepten bleiben roh oder werden nur kurz angebraten oder gedünstet. Wir wollen so viele Nährstoffe wie möglich erhalten, um unserem Körper möglichst das Beste aus der Nahrung zu liefern. Für Menschen, die Probleme mit der Verdauung haben und / oder einfach nicht gern kalt essen, lassen sich die verwendeten Zutaten problemlos auch kochen oder dünsten. Auch hier am besten ein Gefühlt dafür entwickeln, was einem selbst gut tut.

Mengen und Zubereitungszeit: Zu jedem Rezept geben wir in diesem Buch individuell eine Angabe über die Portionen oder Stück, ganz einfach weil sich manche Gerichte in Mini-Mengen nicht wirklich gut herstellen lassen, andere Rezepte wiederum für 2 Personen wunderbar funktionieren. Vor allem bei den Süßigkeiten lohnt es sich, gleich etwas größere Mengen herzustellen, die lassen sich gut aufbewahren, der Aufwand ist nur minimal höher, und unter Umständen macht der Mixer bei homöopathischen Dosen an Zutaten gar nicht erst mit. Wir verbringen sehr gerne Zeit in der Küche, aber lieber zum Essen als zum Arbeiten, darum sind alle Rezepte in diesem Buch darauf ausgelegt, möglichst schnell umsetzbar zu sein. Manche sind geübter als andere beim Schälen, Raspeln und Schneiden, darum sparen wir uns vage Angaben zur Dauer. Die meisten Gerichte sind in 30 Minuten zu schaffen, was wirklich länger dauert, ist gekennzeichnet.

Nährwerte: Wir essen gesund, meistens jedenfalls. Dieses Buch ist eine Zusammenstellung an Rezepten, die uns gut tun, satt und glücklich machen. Wer sich bisher nicht allzu gesund ernährt hat, wird vermutlich das eine oder andere Kilo loswerden, dennoch ist das hier keine Diät, um groß Gewicht zu verlieren. Wir haben uns das Kalorienzählen schon lange abgewöhnt und verzichten auch in den Rezepten darauf. Für uns ist der Blick auf die Qualität der Lebensmittel sowie die guten Inhaltsstoffe entscheidend. Ansonsten hören wir auf unser Hungergefühl und essen, bis wir satt sind.

Unsere
Rezepte

Zum Start und für den kleinen Hunger

Von leckeren Frühstücksrezepten über leichte Snacks bis hin zu gesunden Vorspeisen – hier finden sich viele Ideen für den guten Start in den Tag und den kleinen Hunger zwischendurch.

Chia-Power-Frühstück

Wir lieben Chia-Samen, weil sie so wunderbar schnell, variantenreich und irre schön schlonzig sind. Perfekt zum Vorbereiten am Abend fürs Büro am nächsten Tag und wirklich ganz nach Lust und Laune zu individualisieren. Zum Mädels-Brunch machen wir gern eine große Portion Basis-Müsli mit unterschiedlichen Toppings in vielen kleinen Schüsseln, das sieht super aus und schmeckt einfach Bombe.

Für 1 Portion Basis-Müsli
1–3 EL Chia-Samen
80 ml Mandelmilch (ungesüßt) oder jede andere Milch
1 Prise Meersalz
1 EL Ahornsirup

Chia-Samen und Milch verrühren und etwa 15 Minuten stehen lassen, immer wieder umrühren. Dann nach Belieben mit frischen Früchten, Nüssen, Kokosflocken etc. toppen.

Matcha-Berry-Bowl

300 ml Cashewmilch
1 TL Matcha-Pulver
1 Prise Meersalz
2 EL Kokosblütenzucker
4 EL Chia-Samen

Für das Topping
2 EL Himbeeren
2 EL Heidelbeeren
2 EL gehackte Mandeln

Cashewmilch, Matcha-Pulver, Salz und Zucker im Blender durchmixen und mit den Chia-Samen in eine Schüssel geben. Chia-Mischung mindestens 2 Stunden ziehen lassen, gern auch über Nacht. Bei Bedarf noch etwas Milch nachgeben. Fertigen Chia-Pudding auf 2–3 Schüsseln verteilen und mit den Topping-Zutaten garnieren.

Kaffee-Schoko-Bowl

100 ml kalter Kaffee
200 ml Mandelmilch
1 EL Mandelmus
ausgekratztes Mark von 1 Vanilleschote
2 EL Kakaopulver (ungesüßt)
1 EL Ahornsirup
1 Prise Meersalz
4 EL Chia-Samen

Für das Topping
1 Banane in Scheiben
2 EL gehackte Pekannüsse
2 EL Kokosflocken
1 EL Kaffebohnen und/oder Kakao-Nibs

Kaffee, Milch, Mandelmus, Vanillemark, Kakao und Ahornsirup im Blender vermixen und mit den Chia-Samen in eine Schüssel geben. Chia-Mischung mindestens 2 Stunden ziehen lassen, gern auch über Nacht. Bei Bedarf noch etwas Milch nachgeben. Fertigen Chia-Pudding auf 2–3 Schüsseln verteilen und mit den Topping-Zutaten garnieren.

Mango-Kokos-Bowl

½ Mango
300 ml Kokos-Reis-Milch
1 EL Kokosflocken
1 Prise Meersalz
2 EL Kokosblütenzucker
4 EL Chia-Samen

Für das Topping
½ Mango
8–10 Physalis
¼ frische Ananas
4 EL Kokosflocken oder frisches Kokosfleisch

Die Mangohälfte schälen und das Fruchtfleisch zuerst vom Stein, dann in grobe Würfel schneiden. Milch, Kokosflocken, Salz, Mangowürfel und Zucker im Blender durchmixen und mit den Chia-Samen in eine Schüssel geben. Die Chia-Mischung mindestens 2 Stunden ziehen lassen, gern auch über Nacht. Bei Bedarf noch etwas Milch nachgeben. Fertigen Chia-Pudding auf 2–3 Schüsseln verteilen. Für das Topping die Mango schälen, das Fruchtfleisch zuerst vom Stein, dann in kleine Würfel schneiden. Die Physalis aus den Blütenkelchen lösen, waschen und abtrocknen. Das Ananasstück schälen, vom harten Strunk befreien und in mundgerechte Stücke schneiden. Die Topping-Zutaten dekorativ auf den Bowls arrangieren und genießen.

Unsere Lieblingsvarianten
Für je 2–3 Portionen

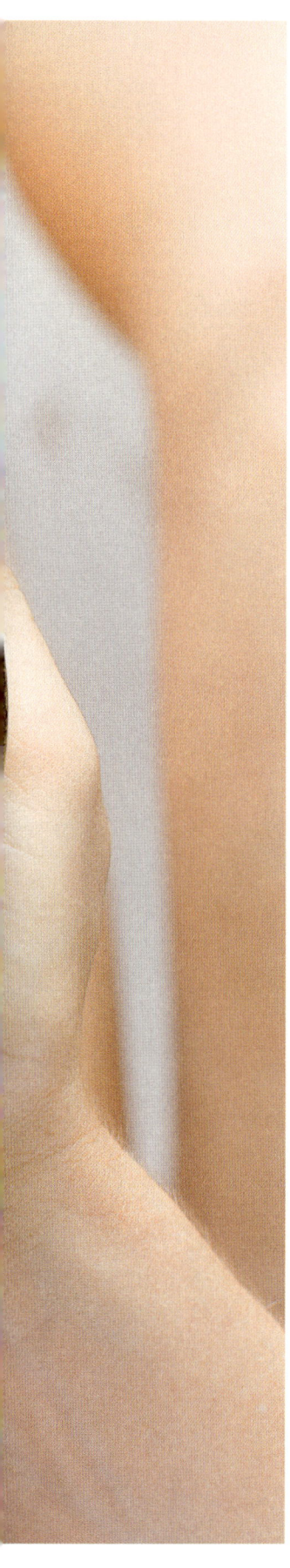

Coconut-Bircher

Für 2 Portionen

20 g Kokosflocken (ungesüßt)
120 g 5-Korn-Flocken
100 g Kokosmilch (nicht Sahne)
150 ml Kokoswasser
200 g Erdbeeren
200 g Himbeeren
125 g Heidelbeeren
4 EL Kokosjoghurt (oder Naturjoghurt)
Obst und Nüsse zum Dekorieren nach Belieben

Am besten das Kokoswasser aus einer frischen Kokosnuss verwenden. Diese in der Mitte teilen oder von einem starken Mitbewohner teilen lassen, das Fleisch lose schneiden und das Müsli direkt in der Kokosnuss servieren. Urlaubsstimmung pur.

Kokosflocken und 5-Korn-Flocken in eine Schüssel geben und über Nacht in Kokosmilch und Wasser einweichen.
Am nächsten Morgen die Beeren verlesen, waschen, putzen und die Erdbeeren bei Bedarf kleiner schneiden. Zwei Drittel der Beeren mit dem Joghurt unter den Flocken-Mix mischen. Das Müsli in die Kokosschalen füllen und nach Belieben mit Obst und Nüssen garnieren.

Frühstück ist die schönste Mahlzeit des Tages. Am Wochenende, wenn man wirklich Zeit hat, sind diese Pancakes mit diversen Toppings so lecker, dass man gern bis mittags sitzen bleibt.

American Breakfast fürs Wochenende

Für ca. 10 kleine oder 5 große Pancakes

150 g Vollkornmehl
½ EL Meersalz
2 EL Rohrzucker (für die süße Variante)
2 TL Backpulver
1 EL Kokosöl
300 ml Wasser
Öl zum Braten

Mehl, Salz, Zucker und Backpulver in eine große Schüssel sieben. Kokosöl schmelzen und mit dem Wasser in einer kleinen Schüssel verquirlen. Eine Vertiefung in die Mehlmischung drücken und die flüssigen Zutaten hineingießen. Nur so lange rühren, bis alles so eben vermischt ist, der Teig ist klumpig. Eine leicht geölte Pfanne bei mittlerer Hitze vorheizen. Jeweils einen großen Löffel Teig in die Pfanne geben. Pancake backen, bis sich Blasen im Teig bilden, dann wenden und von der anderen Seite bräunen. Aus dem restlichen Teig ebenfalls wie beschrieben Pancakes backen.

Pfirsich-Ricotta-Topping

2 reife Pfirsiche
1 EL Blütenhonig
1 Prise Meersalz
Blätter von 2 Zweigen Thymian
150 g Ricotta

Pfirsiche waschen, halbieren, entsteinen, in Stücke schneiden und zusammen mit Honig, Salz und den Thymianblättchen in einem kleinen Topf kurz aufkochen (wem das zu lange dauert, der kann die Zutaten auch „roh" verwenden). Anschließend das Pfirsichkompott etwa 15 Minuten abkühlen lassen. Den Ricotta auf den Pancakes verteilen und die Pfirsiche darübergeben.

Avocado-Limetten-Topping

2 reife Avocados
ausgepresster Saft von 2 Limetten
1 rote Chilischote
½ Bund Petersilie
Salz, Pfeffer

Die Avocados halbieren, entsteinen, das Fruchtfleisch mit einem Löffel aus der Schale heben, mit dem Limettensaft in eine Schüssel geben und mit einer Gabel gut zermusen. Avocadomus mit Salz und Pfeffer abschmecken. Chili waschen, putzen, in feine Streifen schneiden und unter das Mus mischen. Die Masse auf den Pancakes verteilen. Die Petersilie waschen, trocken schütteln, die Blätter abzupfen und die Pancakes mit den Petersilienblättchen garnieren.

Feta-Tomaten-Topping

250 g Datteltomaten
30 g Pinienkerne
½ Bund Basilikum
120 g Schafskäse (Feta)
2 EL frische Oreganoblättchen
Salz, Pfeffer

Die Tomaten waschen und halbieren. Die Pinienkerne in einer beschichteten Pfanne ohne Fett unter ständigem Wenden kurz rösten. Basilikum waschen, trocken schütteln, die Blätter abzupfen und in feine Streifen schneiden. Schafskäse in einer Schüssel mit einer Gabel zerbröckeln. Oregano und Basilikum dazugeben, den Schüsselinhalt vermengen und mit Salz und Pfeffer abschmecken. Die Fetamischung auf den Pancakes verteilen und mit Tomaten und Pinienkernen belegen.

Ziegenkäse-Birnen-Topping

2–3 Birnen
120 g Ziegenkäse
¼ Bund Salbei
40 g Walnusskerne
2 EL Honig

Birnen waschen, entkernen und in mundgerechte Stücke schneiden. Den Ziegenkäse in Scheiben schneiden und auf den Pancakes verteilen, die Birnenstücke daraufsetzen. Den Salbei waschen, trocken schütteln und die Blätter abzupfen. Nüsse grob hacken. Pancakes mit Salbei und gehackten Nüssen bestreuen und den Honig darüberträufeln.

Lachs-Meerrettich-Topping

150 g geräucherter Lachs
½ Bund Dill
150 g Meerrettichfrischkäse
20 g Kaviar (oder Lachskaviar)
Pfeffer

Den Lachs in Stücke zupfen. Dill waschen, trocken schütteln und die Spitzen abzupfen. Die Pancakes mit dem Frischkäse bestreichen, mit Lachs, Dill und Kaviar garnieren und mit Pfeffer übermahlen.

Erdbeer-Rhabarber-Topping

3 Stangen Rhabarber
150 g Erdbeeren
2 EL Honig
¼ Bund Minze
100 g Frischkäse
1 Prise Rosenpfeffer

Die Rhabarberblätter entfernen, die Stangen waschen, gegebenenfalls die groben Fäden mit einem scharfen Messer abziehen und die Stangen in Stücke schneiden. Die Erdbeeren waschen, von den Blütenansätzen befreien und halbieren. Das Obst mit dem Honig in einem kleinen Topf bei mittlerer Hitze in 8–10 Minuten einköcheln, bis der Rhabarber weich ist. Anschließend das Kompott etwas abkühlen lassen. Inzwischen die Minze waschen, trocken schütteln, die Blättchen abzupfen, hacken und unter das Kompott rühren. Erst den Frischkäse, dann das Obstkompott auf den Pancakes verteilen und diese mit Rosenpfeffer bestreut servieren.

Kokos-Knusper-Joghurt mit Passionsfrucht

Eine Alternative für ihr Lieblingsknuspermüsli mit Joghurt zu finden, war für Susanne anfangs echt schwer. Da habe ich diese gesunde Version kreiert und mit cremig-leichtem Kokosjoghurt serviert. Der Morgen ist gerettet!

Den Backofen auf 180 °C vorheizen. Pekannüsse und Mandeln hacken. Orange und Zitrone heiß waschen, trocken reiben und jeweils ca. 1 TL Schale abreiben. Das Kokosöl zusammen mit dem Ahornsirup schmelzen. Die vorbereiteten mit allen restlichen Zutaten in eine große Schüssel geben und mit einem Löffel gut durchmischen. Die Müslimasse auf ein mit Backpapier belegtes Blech geben und im heißen Ofen (Mitte) ca. 15 Minuten backen, dabei immer wieder durchrühren. Wenn das Müsli goldbraun und knusprig geworden ist, herausnehmen und vollständig auskühlen lassen. Es hält sich gut verschlossen einige Wochen.
Zum Servieren den Joghurt in Schüsseln füllen, jeweils 3 EL Müsli darübergeben. Das Obst waschen, bei Bedarf putzen, eventuell klein schneiden und zum Müsli geben.

43

Das Müsli reicht für ca. 8–10 Portionen (restliches Müsli lässt sich trocken verpackt mehrere Wochen lagern).

Für das Müsli

100 g Pekannusskerne

50 g Mandeln

1 Bio-Orange

1 Bio-Zitrone

70 g Kokosöl

5 EL Ahornsirup

10 g Kokos-Chips

50 g Cashewkerne

50 g Hirseflocken

50 g Buchweizenflocken

20 g Leinsamen

Außerdem

200 g Kokosjoghurt oder jeden anderen Joghurt

100 g saisonales Lieblingsobst

Für 4 mittelgroße Portionen

25 g Wildreis

10 g Bulgur

25 g Perlgraupen

1 TL Kokosöl

20 g kernige Haferflocken

20 g getrocknete Pflaumen

20 g getrocknete Cranberrys

1 EL Ahornsirup

1 Prise Salz

10 Pekannusskerne

Wildreis-Müsli mit getrockneten Früchten und Nüssen

Wildreis, Bulgur und Graupen jeweils nach Packungsangabe gar kochen, bei Bedarf in ein Sieb abgießen und noch warm mit Kokosöl und Haferflocken in einer Schüssel vermengen. Die Pflaumen klein würfeln, zusammen mit den Cranberrys, Ahornsirup, Salz und einem guten Schuss lauwarmem Wasser unter den Reis-Mix rühren und 15–20 Minuten ziehen lassen. Vor dem Servieren das Müsli nochmals gut durchrühren, gegebenenfalls und ganz nach Belieben mit Wasser oder Milch verdünnen und aufwärmen. Die Nüsse hacken. Müsli in kleine Schüsseln füllen und mit den Nüssen bestreut servieren.

Healthy English Breakfast Porridge mal 4

Bowls sind einfach klasse, ob warm oder kalt, süß oder herzhaft, alles, was sich gemütlich weglöffeln lässt, hat es uns angetan. Die Engländer haben mit dem Porridge ein wirklich wunderbares warmes Frühstück erfunden, dass wir uns vor allem in der kalten Jahreszeit regelmäßig in verschiedenen Varianten gönnen. Hier unsere Lieblinge.

Für 4–6 Portionen
130 g Haferflocken
300 ml Milch
(egal ob von Nuss, Sojabohne oder Kuh)
1 Prise Meersalz

Alle Zutaten in einen Topf geben, aufkochen und 5–6 Minuten bei mittlerer Hitze unter Rühren zu einem sämigen Brei einköcheln. Diesen etwas abkühlen lassen, in Schalen umfüllen und nach Belieben mit den folgenden Toppings servieren. Übrige Portionen lassen sich gut 2 Tage im Kühlschrank aufbewahren.

Cinnamon-Carrot-Cake-Topping

2 mittelgroße Karotten
1 EL Zimtpulver
2 EL Honig
10 g Haselnusskerne

Die Karotten waschen, fein reiben und mit Zimt und Honig vermengen. Die Haselnüsse in einer beschichteten Pfanne ohne Fett unter Wenden kurz rösten, etwas abkühlen lassen und grob hacken. Karotten-Mischung und Nüsse auf dem Porridge verteilen.

Salty Peanuts

4–6 Datteln
1 EL Erdnussmus
1 Prise Meersalz
30 g Erdnusskerne

Datteln und Erdnussmus mit dem Salz im Blender glatt pürieren. Die Erdnüsse in einer beschichteten Pfanne kurz rösten, etwas abkühlen lassen, grob hacken und zusammen mit dem Dattelmus auf dem Porridge verteilen.

Apple-Maple-Pecan-Topping

1 Apfel
30 g Pekannusskerne
Ahornsirup

Den Apfel waschen, vierteln, vom Kerngehäuse befreien und fein reiben, die Nüsse hacken. Apfelraspel und Nüsse auf das Porridge geben und mit Ahornsirup beträufeln.

Very-easy-Berry-Topping

1 Handvoll Brombeeren
1 Handvoll Himbeeren
1 Handvoll Johannisbeeren
ausgepresster Saft von 1 Zitrone
8–10 Minzeblätter

Beeren verlesen, vorsichtig waschen, in eine Schüssel geben und mit Zitronensaft beträufeln. Minzeblätter waschen und unter die Beeren mischen. Porridge mit dem Beeren-Mix toppen.

Buntes Gemüse-Carpaccio

Dieses Gericht ist aus dem Versuch entstanden, eine vegetarische Carpaccio-Alternative für Susanne zu entwerfen. Eigentlich sollte das ganze italienisch gewürzt werden. Beim Einkaufen im Biomarkt aber wurden die Zutaten irgendwie asiatisch-bayerisch. Tatsächlich habe ich dieses Rezept schon während dem Erstellen komplett aufgegessen und darum für sehr gut befunden.

Als kleine Vorspeise für 4 oder als leichtes Hauptgericht für 2 Portionen

2–3 lila Karotten
1 EL Wasabi
4 EL Karottensaft
1 EL Ahornsirup
2 EL Sesamöl
½ Bund Radieschen
ausgepresster Saft von 1 Limette
2–3 EL frisch gehacktes Koriandergrün
2 EL Wasabi-Erdnüsse
½ Mango
1 EL frisch geriebener Ingwer
Salz, Pfeffer

Die Karotten putzen, schälen und sehr dünn schneiden, idealerweise mit einem Gemüsehobel. Wasabi, Karottensaft, Ahornsirup und Sesamöl zu einem Dressing verrühren, dieses mit Salz und Pfeffer abschmecken und über die Karotten geben. Karotten zugedeckt für 2–4 Stunden in den Kühlschrank stellen.

Inzwischen die Radieschen waschen und ebenfalls in feine Scheiben schneiden. Diese in einer Schüssel mit Limettensaft und Koriander vermengen und zugedeckt in den Kühlschrank stellen. Mariniertes Gemüse nach Belieben je halb-halb auf einer Platte oder portionsweise auf Tellern anrichten.

Wasabi-Nüsse hacken und über die Karotten streuen. Die Mango schälen, das Fruchtfleisch vom Stein schneiden, fein hacken, mit dem geriebenen Ingwer vermengen und auf den Radieschen verteilen. Dazu gibt es bei uns meist noch getoastetes Nuss- oder Vollkornbaguette.

Fenchel-Carpaccio mit Lachs

Ein kleines Gericht, das wir sehr gerne einfach als „Beilage" oder zusätzlich machen. Wir lieben es, zum Abendessen oder an einem langen Wochenendnachmittag einfach viele verschiedene Kleinigkeiten zuzubereiten und uns daran satt zu essen. Das Schöne daran: Man muss sich nicht entscheiden.

Für 2 Portionen als Vorspeise

1 Fenchelknolle
4 EL Olivenöl
4 EL Ahornsirup
1 Bund Radieschen
ausgepresster Saft von 1 Zitrone
1 EL frisch geriebener Ingwer
200 g geräucherter Lachs in feinen Scheiben
½ Bund frischer Dill
Salz, Pfeffer

Den Fenchel waschen, vom Strunk befreien und in Scheiben hobeln oder in Streifen schneiden. 2 EL Öl in einer beschichteten Pfanne erhitzen und den Fenchel mit 2 EL Ahornsirup darin 4–5 Minuten anbraten. Das Gemüse mit Salz und Pfeffer abschmecken und zur Seite stellen. Die Radieschen waschen, putzen und in sehr feine Scheiben aufschneiden. Diese zusammen mit dem Fenchel auf einer Platte oder einem Teller verteilen. Aus restlichem Öl, Ahornsirup, Zitronensaft und Ingwer ein Dressing rühren und über den Salat geben. Den Lachs darauf anrichten. Den Dill waschen, trocken schütteln, die Spitzen abzupfen und mit diesen das Carpaccio garnieren.

Bete-Salat mit
Körner-Dukkah

Für 2 Portionen

300 g buntes Rübengemüse (z. B. Rote, Gelbe
und Weiße Bete)

100 g Babyspinat

2 TL frische Thymianblättchen

4 EL Körnermischung

Für das Dressing

1 EL Ahornsirup

2 EL Magerquark

3 EL Olivenöl

ausgepresster Saft von 1 Zitrone

1 Msp. Dukkah (orientalische Gewürzmischung)

Die Rüben putzen, waschen, schälen und in feine
Scheiben schneiden. Den Spinat waschen, trocken
schleudern und zusammen mit den Rüben auf
einer großen Platte anrichten. Alle Dressingzutaten im Mixer glatt pürieren und über den Salat
geben. Thymianblätter und Körner auf dem Salat
verteilen.

Für 2 Portionen
1 Süßkartoffel
2–3 EL Olivenöl
250 g Rote Bete (gekocht)
½ weißer Rettich
1 Tasse braune Quinoa (ca. 150 g)
2 Tassen Gemüsebrühe
1¼ Bund Minze
1 Stück Ingwer (ca. 3 cm)
2 EL Sojasauce
1–2 EL Honig
Salz, Pfeffer

Veggie-Tatar

Lässt sich wunderbar vorbereiten und in Weckgläsern schön anrichten und ist auch fürs Büro perfekt zum Mitnehmen. Wir füllen das Gemüse gern auch in einen Wrap zusammen mit Joghurt.

Die Süßkartoffel schälen, in kleine Würfel schneiden, in eine feuerfeste Form geben, mit etwas Olivenöl beträufeln und auf mittlerer Schiene in den Backofen stellen. Die Backofentemparatur auf 200 °C (Umluft) stellen und die Kartoffelwürfel ca. 20 Minuten backen.

In der Zwischenzeit die Rote Bete und den Rettich putzen, schälen und ebenfalls in kleine Würfel schneiden. Quinoa mit der Gemüsebrühe in einem Topf zum Kochen bringen und nach Packungsanleitung garen.

Quinoa, Rote Bete, Rettich und die Süßkartoffelwürfel in einer Schüssel miteinander mischen. Minze waschen, trocken schütteln, die Blättchen abzupfen und fein hacken. Den Ingwer schälen, fein reiben und zusammen mit dem restlichen Olivenöl, der Sojasauce und dem Honig zu einem Dressing verrühren. Dieses unter den Quinoa-Mix mischen. Den Salat mit Salz und Pfeffer abschmecken und vor dem Servieren etwa 20 Minuten ziehen lassen.

Hummus

Wir lieben Hummus, morgens, mittags, abends, Hummus geht immer. Zu Gemüsesticks oder auf geröstetem Brot, mit Ofenfalaffel (S. 136) und in den verschiedensten Geschmacksvarianten. Hier unsere Favoriten.

Basic

*Vorspeise für
4 – 6 Portionen,
je nach Beilage*
350 g Kichererbsen
2 Knoblauchzehen
Saft von 2 Zitronen
1 Msp. Kreuzkümmel
150 g Tahini (Sesammus)
4 EL Olivenöl
2 Zweige Petersilie
1 TL Paprika, rosenscharf
Salz, Pfeffer

Kichererbsen zum Quellen über Nacht in Wasser einlegen, Wasser anschließend abgießen und mit frischem Wasser bedeckt ca. 40 Minuten in einem Topf köcheln lassen. Anschließend abgießen, kalt abbrausen und mit einem Pürierstab fein pürieren. Knoblauchzehen schälen, im Mörser mit etwas Salz zerreiben und unters Püree mischen. Olivenöl, Tahini-Paste, Zitronensaft, Paprika und Kreuzkümmel hinzufügen. Alles mit Salz und Pfeffer abschmecken und zugedeckt für 30 Minuten kalt stellen. Mit Petersilie garniernen und servieren.

Pink Hummus

75 g Rote Bete (gekocht)
1 kleine Knoblauchzehe
1 EL natives Olivenöl
½ TL Kreuzkümmelsamen
100 g Kichererbsen
1 EL Tahini
*1 TL Zitronensaft und
etwas Schalenabrieb*
Salz, Pfeffer

Den Knoblauch schälen, hacken und im Olivenöl anschwitzen. Die Kreuzkümmelsamen mörsern, zusammen mit der Roten Beete und allen anderen Zutaten im Blender zu einer Creme verarbeiten und mit Salz und Pfeffer abschmecken.

Golden Orange Hummus

Kichererbsen zum Quellen über Nacht in Wasser einlegen, Wasser anschließend abgießen und mit frischem Wasser bedeckt ca. 40 Minuten in einem Topf köcheln lassen. Anschließend unter kaltem Wasser abbrausen und zusammen mit allen anderen Zutaten im Blender fein pürieren, mit Salz und Pfeffer abschmecken.

200 g Kichererbsen
3 EL Tahini
2 Knoblauchzehen
Saft einer Orange
ca. 20 Safranfäden
2 EL Olivenöl
½ TL Garam Masala
1 Prise Kardamom
1 Prise Kurkuma
Salz, Pfeffer

The grinch green Hummus

Die Erbsen in einem Topf mit Salzwasser zum Kochen bringen. Zugedeckt bei mittlerer Hitze etwa acht Minuten weich kochen. In ein Sieb abgießen, kalt abschrecken und abtropfen lassen. Inzwischen die Minzeblätter fein hacken. Zitrone heiß waschen und abtrocknen, die Schale fein abreiben und den Saft auspressen. Alle Zutaten im Blender fein pürieren, mit Salz und Pfeffer abschmecken.

300 g Erbsen
(frisch oder TK)
1 Stängel Minze
(Blätter gehackt)
½ Bio-Zitrone
2 EL Tahini
2 EL Olivenöl
1 TL gemahlener Kreuzkümmel
1 TL rosenscharfes Paprikapulver
Salz, Pfeffer

Brot, Semmelchen und Co.

Wer nicht gerade das Glück hat, eine Bäckerei in der Umgebung zu haben, die Brot und Backwaren noch selbst herstellt, muss leider oft mit ziemlich schlechter Industrieware vorliebnehmen. Hier ein paar superschnelle und kinderleichte Rezepte, um gutes Brot selbst zu backen, ganz ohne Aufwand.

Müsli-Semmelchen

Für 8–10 Semmelchen

200 g Trockenfrüchte nach Geschmack

50 g Nusskerne nach Geschmack

300 g Vollkornweizenmehl

200 g Weizenmehl (Type 550)

10 g Salz

10 g frische Hefe

20 g Honig

etwas Mehl für die Arbeitsfläche

80 g Haferflocken oder Polenta zum Wälzen

Früchte und Nüsse zerkleinern. Mehle, Salz, Hefe und Honig mit 350 ml Wasser in eine Schüssel geben und mindestens 5 Minuten kneten, bis ein geschmeidiger Teig entsteht. Gegen Ende die Früchte und Nüsse dazugeben. Den Teig nun abgedeckt an einem warmen Ort 1 Stunde oder im Kühlschrank 6 Stunden gehen lassen. Danach in 8–10 Portionen teilen, auf eine bemehlte Arbeitsfläche geben und 5 Minuten ruhen lassen. Die Teigportionen mit etwas Wasser benetzen, in den Haferflocken oder der Polenta wälzen und auf ein mit Backpapier belegtes Backblech legen. Zugedeckt 45 Minuten gehen lassen. Den Backofen auf 250 °C vorheizen und auf der untersten Schiene ein Blech in den Ofen schieben. Brötchen auf der zweiten Schiene von unten in den Ofen schieben, die Ofentemperatur auf 220 °C reduzieren. Etwa 150 ml Wasser in das untere Blech gießen. Ofentüre sofort schließen und die Brötchen 10–12 Minuten backen. Fertige Brötchen auf einem Kuchengitter auskühlen lassen.

Chia-Power-Brot

Für 1 Brot

200 g Mandeln

50 g Chia-Samen

500 g Magerquark

100 g Kokosflocken

1 Pck. Backpulver

1 TL Meersalz

1 Kastenform mit 25 cm Länge

Kokosöl für die Form

Backofen auf 180 °C Umluft vorheizen und die Kastenform mit Kokosöl auspinseln. Die Mandeln in einer Pfanne ohne Fett rösten und fein mahlen.

Die Chia-Samen im Mörser etwas zerstoßen. Magerquark in eine Schüssel geben und gut mit den Chia-Samen vermengen. Den Quark-Chia-Mix mindestens 10 Minuten quellen lassen. In der Zwischenzeit die Mandeln und Kokosflocken mit Backpulver und Salz gut vermengen und anschließend zum Chia-Quark in die Schüssel geben. Den Schüsselinhalt zu einem glatten Teig verrühren, diesen in die Form füllen und ca. 45 Minuten im heißen Ofen (Mitte) backen. Das Brot wird außen sehr braun. Das fertige Brot aus dem Ofen holen, auskühlen lassen und erst danach aus der Form holen und aufschneiden.

Nussbrot

Für 1 Brot

500 g Dinkelvollkornmehl

1 TL frisch geriebene Muskatnuss

1 Pck. Trockenhefe

2 TL Salz

100 g Karotten

100 g Walnusskerne

Dinkelvollkornmehl zum Arbeiten

Mehl, Muskat, Hefe und Salz in einer Schüssel mischen. 375 ml lauwarmes Wasser zugießen und alles mit dem Knethaken in der Küchenmaschine zu einem glatten Teig verrühren. Den Teig abgedeckt an einem warmen Ort ca. 3 Stunden gehen lassen. Karotten putzen, schälen und fein reiben. Walnusskerne hacken. Beides mit einem Kochlöffel oder dem Knethaken unter den gegangenen Teig heben. Den Teig aus der Schüssel holen, mit Dinkelvollkornmehl bestreuen und mit bemehlten Händen zu einem runden Laib formen. Das Brot abgedeckt weitere 45 Minuten gehen lassen.

Eine ofenfeste Form mit 100 ml Wasser auf den Boden des Ofens stellen. Eine runde Brotform oder das Blech ebenfalls schon mit in den Ofen geben. Den Backofen auf 220 °C vorheizen. Das Brot nach der Gehzeit kreuzweise einschneiden, mit Backpapier in die Form geben oder auf das Blech setzen und im heißen Backofen auf der mittleren Schiene 45–50 Minuten backen. Das fertige Brot aus dem Ofen holen und auf einem Kuchengitter vollständig auskühlen lassen.

Bananen-Ahorn-Brot

Für 1 Brot

125 g Weizenmehl (Type 550)

100 g Buchweizenmehl

50 g Weizenvollkornmehl

1 TL Natron

2 TL Backpulver

60 g Pekannusskerne

175 ml Mandelmilch

2 EL Weißweinessig

70 g Kokosöl

50 g Rohrzucker

30 ml Ahornsirup

1 Prise Meersalz

3 Bananen

1 TL Zimtpulver

½ TL gemahlener Kardamon

1 Kastenform

Den Backofen auf 200 °C (Umluft) vorheizen und die Kastenform mit Backpapier auslegen. Die Mehlsorten mit Natron und Backpulver vermengen. Die Nüsse grob hacken.

Die Milch mit dem Essig mischen. Kokosöl schmelzen und mit Zucker, Ahornsirup und dem Salz vermengen, vom Herd nehmen. Die Bananen in einer Schüssel mithilfe einer Gabel zu Brei drücken und zusammen mit der Essigmilch, den Nüssen und Gewürzen unterrühren. Die Mehlmischung dazugeben und alles gut vermengen. Den Teig in die Form füllen und im heißen Ofen (Mitte) 40–50 Minuten backen. Das fertige Brot aus dem Ofen holen, abkühlen lassen und erst dann aus der Form nehmen.

Satt, glücklich und gesund

Ob mittags oder abends, wer sich vorwiegend gesund ernährt, wird sehr schnell feststellen, wie viel Energie wir tatsächlich aus unserem Essen ziehen. Ein angenehmes und lang anhaltendes Sättigungsgefühl ist die Basis für einen aktiven Alltag.

Spinatsalat mit Avocado-Trüffel

Für 2 Portionen
250 g Babyspinat
1 reife Avocado
40 g schwarzer Sesam
60 g Haselnusskerne
1 Grapefruit
3 EL Sesamöl
1 EL Tahini (Sesammus)
2 EL Ahornsirup
2 EL Sojasauce
1 Prise Lavasalz
Salz, Pfeffer

Den Spinat waschen, trocken schleudern und auf einer Platte anrichten.

Die Avocado halbieren und den Stein entfernen. Das Fruchtfleisch mit einem Löffel aus der Schale heben, in eine Schüssel geben und mit einer Gabel fein zermusen. Avocadomus mit Salz und Pfeffer abschmecken.

Den Sesam auf einen flachen kleinen Teller geben. Mit einem Teelöffel jeweils eine kleine Portion vom Avocadomus abstechen, vorsichtig mit zwei Teelöffeln zu einer Nocke formen und diese im schwarzen Sesam wälzen. Auf die gleiche Art und Weise so viele Nocken formen, bis das Avocadomus aufgebraucht ist.

Die Haselnüsse in einer beschichteten Pfanne ohne Fett kurz rösten, abkühlen lassen und grob hacken. Von der Grapefruit mit einem scharfen die Schale bis ins Fruchtfleisch abschneiden, die Filets aus den weißen Trennhäutchen herauslösen und dabei den Saft auffangen.

Sesamöl, Tahini, Ahornsirup, Grapefruitsaft und Sojasauce zu einem Dressing verrühren und dieses auf den Spinat träufeln. Die Grapefruitfilets und die Avocado-Trüffel auf dem Salat dekorativ arrangieren. Den Salat mit Nüssen und Lavasalz bestreuen und mit Pfeffer übermahlen.

Für 2 Personen

30 g Mandeln

10 Estragonblätter

2 Fenchelknollen

4 EL Rapsöl

2 EL Honig

2 EL Weißweinessig

1 Prise gemahlene Vanille

6–10 getrocknete ungeschwefelte
Aprikosen

40 g Ziegenkäse oder Ziegenrolle

Salz, Pfeffer

Fenchel-Aprikosen-Salat

Die Mandeln in einer Pfanne ohne Fett rösten, auf ein Brett geben und hacken. Estragonblätter waschen und abtrocknen. Den Fenchel waschen, halbieren, von Grün und Strunk befreien und in fingerbreite Spalten schneiden.

In einer beschichteten Pfanne das Öl erhitzen und den Fenchel darin etwa 2 Minuten anbraten. Dann den Honig dazugeben, den Fenchel 1 Minute weiterbraten, mit Essig ablöschen und bei mittlerer Hitze in 5–10 Minuten gar braten. Am Ende die Vanille zugeben.

Die Aprikosen fein schneiden und zusammen mit den Mandeln und den Estragonblättern unter den Fenchel mischen. Den Fenchel-Apriokosen-Salat auf einer Platte anrichten, mit Salz und Pfeffer abschmecken und zum Schluss den Ziegenkäse darüberkrümeln.

Grün-weißer Röschen-Salat

Mit Brokkoli und Blumenkohl ist das ja so eine Sache: Wahnsinnig gesund, weiß jeder, aber schmecken tun sie den Wenigsten. Zusammen mit den spanischen Pimientos de Padrón, die nun wirklich jeder mag, machen sie sich aber ganz gut im Salat und sind gern auf der Speisekarte gesehen.

Für 2 Portionen
1 Kopf Brokkoli
1 Kopf Blumenkohl
10 EL Olivenöl
2 Lorbeerblätter
200 g Pimientos de Padrón
½ Bund Petersilie
2 EL Pinienkerne
120 g Manchego-Käse
Fleur de Sel
abgeriebene Schale von 2 Bio-Zitronen,
Saft nach Belieben
Pfeffer

Die Röschen von Blumenkohl und Brokkoli vom Stiel schneiden und waschen. 6 EL Olivenöl in einer großen Pfanne erhitzen und die Kohlröschen darin zusammen mit den Lorbeerblättern gar braten. Als Alternative kann man die Röschen auch wunderbar etwa 10 Minuten über kochendem Wasser oder Gemüsebrühe dünsten. Inzwischen die Pimientos de Padrón waschen und abtrocknen. Restliches Olivenöl in einem Topf erhitzen und die Pimientos darin rundum anbraten, bis die Haut Blasen wirft, ein paar dunkle Stellen sind nicht schlimm.

Petersilie waschen, trocken schütteln, die Blättchen abzupfen und fein hacken. Die Pinienkerne in einer Pfanne ohne Fett anrösten, auf einen Teller schütten und abkühlen lassen. Den Manchego mit dem Sparschäler in grobe Späne hobeln.

Pimientos zusammen mit den Kohlröschen auf einem Teller anrichten, mit Fleur de Sel und frisch gemahlenem Pfeffer abschmecken. Petersilie und Zitronenschale unter den Salat mischen und den Salat mit Manchego und Pinienkernen bestreuen. Wer mag, darf gern noch etwas Olivenöl und den Saft der Zitronen darüberträufeln.

Radicchio-Nuss-Salat

Für 4–6 Portionen

2 Köpfe Radicchio
1 fruchtiger Apfel
10 g Walnusskerne
1 Handvoll glatte Petersilie
4 in Salz eingelegte Sardellen (Glas)
3 EL Joghurt
3 EL Walnussöl
Salz, Pfeffer

Radicchio von den Strünken und äußeren Blättern befreien, 4–6 große Blätter zur Seite legen und den Rest in feine Streifen schneiden. Radicchiostreifen waschen und in einem Sieb gut abtropfen lassen.

Den Apfel waschen, vierteln, vom Kerngehäuse befreien und ebenfalls in feine Streifen schneiden. Die Walnüsse grob hacken. Petersilie waschen, trocken schütteln, die Blättchen abzupfen und fein hacken, etwa 1 EL für die Garnitur beiseitestellen.

Die Sardellen abspülen, mit Joghurt, gehackter Petersilie und Öl im Blender zu einem Dressing mixen und dieses mit Salz und Pfeffer abschmecken. Salat und Dressing vermengen und mit den gehackten Walnüssen und der beiseitegelegten Petersilie garniert in den Blättern anrichten.

Für 2 Portionen
1 Süßkartoffel
3 EL Olivenöl
2 gelbe Karotten
(oder jede andere Karottensorte)
1 Mairübe
100 g TK-Erbsen
1 EL Kapern (Glas)
1 Lorbeerblatt
1 EL Dijon-Senf
1 EL Zitronensaft
1 TL frisch geriebener Meerrettich
Salz, Pfeffer

Süßkartoffel-Gemüse-Allerlei

Den Backofen auf 200 °C (Umluft) vorheizen. Die Süßkartoffel schälen, in mittelgroße Würfel schneiden und in einer feuerfesten Form mit dem Olivenöl mischen. Kartoffelwürfel im Ofen (Mitte) 20–25 Minuten backen, dann aus dem Ofen nehmen und leicht abkühlen lassen. Karotten putzen, schälen und in feine Scheibchen hobeln. Die Mairübe putzen, waschen und in feine Scheiben hobeln. Erbsen etwa 5 Minuten in Salzwasser gar kochen, abtropfen und zusammen mit dem vorbereiteten Gemüse und den Kapern auf einer Platte anrichten.

Das Lorbeerblatt fein hacken. Senf, Zitronensaft, etwas Kapernlake, Lorbeerblatt, Meerrettich, Salz und Pfeffer zu einem Dressing verrühren und dieses über den Salat geben.

Halloumi-Dattel-Salat

Wunderbar passt dazu das Nussbrot in Scheiben geschnitten (S. 65), mit einer frischen Knoblauchzehe abgerieben und in der Pfanne mit einem Schuss Olivenöl kross gebraten. Bei größerem Hunger gerne Kicherbsen, frisch oder aus der Dose, untermengen.

Für 2 Portionen

1 rote Zwiebel
ausgepresster Saft von 1 Zitrone
12 Medjool-Datteln
1 rote Chili
½ Bund Petersilie
1 grüne Paprikaschote
400 g Halloumi
4 EL Olivenöl
1 Staude Mangold
Meersalz
Pfeffer

Die Zwiebel schälen und fein hacken. Zwiebelwürfel und Zitronensaft vermengen und 10 Minuten marinieren. Inzwischen die Datteln entsteinen. Chili halbieren, von Stiel und Kernen befreien, waschen und in feine Streifen schneiden. Petersilie waschen, die Blättchen abzupfen und fein hacken.

Den Backofen auf 200 °C vorheizen. Für das Dressing die Hälfte der Datteln fein hacken, mit Chili, Petersilie, Zwiebel und Zitronensaft im Blender ganz kurz pürieren und mit Salz und Pfeffer abschmecken.

Die Paprika halbieren, Strunk, Kerne und weiße Trennwände entfernen. Paprikahälften waschen und in dünne Streifen schneiden. Den Halloumi zusammen mit den Paprikastreifen und etwas Öl mittig auf einen großen Bogen Alufolie geben und die Alufolie verschließen. Das Päckchen auf ein Backblech legen und im heißen Ofen (Mitte) 8–10 Minuten backen.

In der Zwischenzeit den Mangold putzen, in Streifen schneiden und in kochendem Wasser kurz blanchieren, dann in Eiswasser abschrecken. Die restlichen Datteln grob hacken. Mangold und Datteln in kleinen Schüsseln oder auf einem Teller anrichten und den etwas abgekühlten Käse sowie die Paprikastreifen darauf verteilen. Den Salat mit dem Dressing beträufeln und servieren.

Caesar's Kale-Salad mit Feige

*Grünkohl kennen die meisten nur als verkochte Beilage zu deftigen Gerichten, dabei steckt
das lokale Superfood-Wunder voller gesunder Inhaltsstoffe und Vitamine. Im Spätsommer und
Herbst gibt es ihn mittlerweile wieder überall zu kaufen, und auch roh lässt er sich wunderbar
zu einem Salat verarbeiten – zum Beispiel zu dieser gesunden Variante des Caesar's Salad.*

Für 4 Portionen

Für den Salat
1 mittelgroßer Kopf Grünkohl
200 g weißer Rettich
4–6 reife Feigen
60 g Pecorino
8 Stangen Grissini

Für das Dressing
4 Zweige Thymian
4 EL Olivenöl
2 EL Kapern (Glas)
4 in Salz eingelegte Sardellen (Glas)
3 EL Joghurt
1 EL Dijon-Senf
Salz, Pfeffer

Den Grünkohl von Strunk und harten
Blättern befreien und mundgerecht zerzupfen. Den Rettich schälen und in Julienne
schneiden. Die Feigen vom Stiel befreien
und vierteln. Den Pecorino grob zerbröseln.
Für das Dressing den Thymian waschen und
die Blättchen von den Zweigen zupfen. Alle
Dressingzutaten bis auf den Thymian im
Blender glatt mixen. Zum Schluss die Thymianblättchen unterrühren.
Grünkohl und Rettich in einer Schüssel gut
mit dem Dressing vermengen und 15 Minuten marinieren. Den Salat auf vier Tellern
anrichten. Mit Feigen und Pecorino garnieren und die Grissini dazu reichen.

Für 2 Portionen

200 g Hokkaido-Kürbis

1 Zwiebel

1 Knoblauchzehe

6–8 Minzeblätter

½ Granatapfel

20 g Kokosflocken

150 g Quinoa (Reformhaus, Bioladen)

3 EL Olivenöl

500 ml Gemüsebrühe

300 g Brokkoli

10 g Kokosöl

1 Prise Meersalz

100 g Schafskäse (Feta)

Pfeffer

Kürbis-Brokkoli-Salat

Das Kürbisstück entkernen, putzen und in ca. 1 cm große Würfel schneiden. Zwiebel und Knoblauch schälen und fein würfeln. Die Minze waschen, abtrocknen und in feine Streifen schneiden. Vorsichtig die Granatapfelkerne aus der Schale lösen. Die Kokosflocken in einer Pfanne ohne Fett anrösten, auf einen Teller schütten und abkühlen lassen.

Quinoa in einem feinen Sieb heiß abbrausen und gut abtropfen lassen. Das Olivenöl in einem breiten Topf erhitzen. Den Knoblauch und die Zwiebel darin kurz anrösten und bei mittlerer Hitze ca. 2 Minuten dünsten. Inzwischen die Gemüsebrühe aufkochen und auf dem Herd warm halten.

Quinoa zu Zwiebel und Knoblauch in den Topf geben und ca. 1 Minute unter Rühren andünsten. Die Kürbiswürfel dazugeben und so viel heiße Brühe dazugießen, bis das Gemüse knapp bedeckt ist. Den Topfinhalt offen unter Rühren bei schwacher Hitze ca. 20 Minuten köcheln lassen, dabei nach und nach die übrige Brühe dazugießen.

Inzwischen den Brokkoli in kleine Röschen teilen, den Stiel schälen und in feine Scheibchen schneiden. Brokkoliröschen und -scheibchen nach ca. 10 Minuten Garzeit zur Quinoamischung geben, unterheben und noch ca. 10 Minuten mitgaren.

Am Ende das Kokosöl untermischen. Den Salat mit Salz und Pfeffer abschmecken und auf zwei Tellern anrichten. Den Schafskäse zerbröckeln und mit den Kokosflocken und den Granatapfelkernen auf den Salat streuen. Diesen mit der Minze garnieren und servieren.

Summer Rolls fürs ganze Jahr

*Asiatische Summer Rolls sind einfach großartig! Man kann
zu zweit oder mit allen Freunden wunderbar stundenlang
gemütlich vor sich hin essen. Auch fleischhaltige Varianten
sind für die, die sie wollen, möglich, weil jeder in seine Rolle
packt, was er am liebsten hat. Hier haben unsere besten
Füllungen gesammelt – und mit Sicherheit mittlerweile
schon wieder neue Varianten entdeckt.*

Wie klappt das mit den Rollen?

Füllungen für je 3–4 Rollen
1–2 Packung Reispapierblätter (22 cm Ø)
1 Schüssel warmes Wasser (ca. 38 °C)
Füllung und Gewürze

Ein Reispapierblatt kurz durch das Wasser ziehen, auf die Arbeitsfläche legen und 1–2 Minuten warten, bis es weich ist. In das untere Drittel quer einen dicken Streifen Füllung legen. Die linke und die rechte Seite des Reispapiers über die Füllung nach innen einschlagen und das Blatt von unten beginnend langsam und fest aufrollen. Eventuell das Ende des Reisblatts mit einem feuchten Tuch noch etwas anfeuchten, damit man die Rolle schließen kann.

Rotkohl-Avocado

50 g Glasnudeln
⅛ Rotkohl
2 reife Avocados
6 Blatt Thai-Basilikum
2 EL Cashewkerne
1 EL schwarzer Sesam

Glasnudeln nach Packungsanleitung in heißem Wasser garen, in einem Sieb gut abtropfen lassen und mit einer Küchenschere etwas kleiner schneiden. Rotkohl vom Strunk befreien, quer in feine Streifen schneiden, diese waschen und abtropfen lassen. Die Avocados halbieren und die Steine entfernen. Das Fruchtfleisch mit einem Löffel aus den Schalen heben und in dünne Streifen schneiden. Basilikumblätter waschen und in feine Streifen schneiden. Nüsse in einer Pfanne ohne Fett anrösten. Reispapierblätter mit allen Zutaten befüllen.

Garnelen und Glasnudeln

30 g Glasnudeln
250 g rohe Garnelen (küchenfertig)
1 Stück Ingwer (ca. 20 g)
1 Knoblauchzehe
1 EL helles Sesamöl
50 g Mungobohnensprossen
1 Karotte (ca. 100 g)
½ Mango
6 Stängel Koriandergrün
4 Stängel Minze
8 große Eisbergsalatblätter

Glasnudeln nach Packungsanleitung in heißem Wasser garen, in einem Sieb gut abtropfen lassen und mit einer Küchenschere etwas kleiner schneiden. Garnelen waschen, mit Küchenpapier trocken tupfen, am Rücken jeweils etwas einschneiden und die schwarzen Darmfäden entfernen. Garnelen grob würfeln.
Ingwer und Knoblauch schälen und fein würfeln. Das Öl in einer beschichteten Pfanne erhitzen. Garnelen, Ingwer und Knoblauch darin bei mittlerer Hitze unter ständigem Rühren 1–2 Minuten braten und danach abkühlen lassen.
Inzwischen die Sprossen in einem Sieb waschen und gut abtropfen lassen. Karotte und Mango schälen und in Stifte schneiden. Koriander und Minze waschen, trocken schütteln, die Blättchen abzupfen und fein hacken.
Kräuter mit Sprossen, Karotten- und Mangostiften sowie Glasnudeln unter die Garnelen mischen. Salatblätter waschen, trocken schleudern und in Streifen schneiden. Reispapierblätter mit allen Zutaten befüllen.

Tofu-Zitronengras

2 Stängel Zitronengras
½ TL gemahlene Kurkuma oder 2 EL Kurkumasaft
2 EL Fischsauce
1 Block fester Tofu (ca. 200 g)
etwas Öl zum Braten
1 milde rote Zwiebel
1 mittelgroße Salatgurke
200 g Mungobohnensprossen
½ Kopf grüner Salat
Je ½ Bund Koriandergrün, Thai-Basilikum und
vietnamesische Minze (oder Nana-Minze)
100 ml Nuoc Cham (scharfe asiatische Fischsauce)
Salz, Pfeffer

Das Zitronengras von den äußeren Blättern
befreien und fein hacken. Zitronengras, Kurkuma,
etwas Salz, Fischsauce und Pfeffer verrühren.
Den Tofu 1–2 Stunden in der Marinade einlegen,
dann abtropfen lassen und in einer beschichteten
Pfanne bei mittlerer Hitze rundherum goldbraun braten. Abgekühlt in ½ cm breite Streifen
schneiden. Die Zwiebel schälen, halbieren und
in feine Halbringe schneiden. Die Gurke putzen,
schälen, längs halbieren und mit einem Teelöffel
die Kerne herauskratzen. Gurkenhälften erst
in 6 cm lange Stücke, dann in feine Streifen
schneiden. Die Bohnensprossen in einem Sieb
waschen, abtropfen lassen und putzen. Den Salat
putzen, waschen und in Streifen schneiden. Die
Kräuter waschen, trocken schütteln und die
Blätter abzupfen. Alle vorbereiteten Zutaten in
einer Schüssel zusammen mit der Nuoc Cham
vorsichtig vermischen und Reispapierblätter
damit befüllen.

Ingwer-Lachs

50 g Glasnudeln
200 g Lachsfilet in Sushi-Qualität
100 g Babyspinat
¼ Bund Koriandergrün
20 g Wasabi-Erdnüsse
20 g eingelegter Ingwer
Salz, Pfeffer

Glasnudeln nach Packungsanleitung in heißem
Wasser garen, in einem Sieb gut abtropfen
lassen und mit einer Küchenschere etwas kleiner
schneiden. Den Lachs waschen, abtrocknen
und in kleine Stücke schneiden, nach Belieben
salzen und pfeffern. Spinat waschen und trocken
schleudern. Koriander waschen, trocken schütteln und ohne die groben Stiele fein hacken. Die
Nüsse und den Ingwer hacken und die Reispapierblätter mit allen vorbereiteten Zutaten
befüllen.

Ofenkartoffelnest mit Lachs

*Ein einfacheres und leckereres Essen gibt es fast
nicht, zumindest wir haben noch keines entdeckt.
Aber Achtung: Die gefüllten Kartoffeln schmecken so
gut, dass man nicht mehr aufhören kann zu essen.
Darum: Wirklich nur je eine Portion vorbereiten!*

Für 2 Portionen
2 Süßkartoffeln
250 g Lachsfilet
2 EL Wasabi
abgeriebene Schale und ausgepresster Saft von
½ Bio-Zitrone
200 g Magerquark
4 EL eingelegter Ingwer
2 EL schwarzer Sesam
Meersalz
Pfeffer

Den Backofen auf 200 °C vorheizen. Die Kartoffeln gut waschen, auf ein mit Alufolie ausge-
legtes Backblech legen, dabei etwas Platz für den
Lachs lassen, und auf der mittleren Schiene in
den Ofen schieben. Die Kartoffeln je nach Dicke
etwa 30 Minuten backen, 10 Minuten vor Ende
der Garzeit den Lachs mit aufs Blech legen.
Während der Backzeit Wasabi, Zitronensaft und
-schale sowie den Quark in eine Schüssel geben
und vermengen, die Creme mit Salz und Pfeffer abschmecken. Die gebackenen Kartoffeln
aus dem Ofen nehmen, leicht abkühlen lassen.
Längs einschneiden, mit Quark füllen, den Lachs
daraufsetzen, mit Salz und Pfeffer würzen und die
Kartoffelnester mit Ingwer und Sesam garnieren.

Für 4 Burger

250 g Dinkelvollkornmehl

50 g Weizenmehl (Type 550)

1 TL Meersalz

3 TL Backpulver

3 EL Rapsöl

3 EL Wasser

2 EL heller Sesam zum Bestreuen

Für den Belag

¼ Bund Dill

4 EL Hüttenkäse

2 EL Zitronensaft

1 EL Dijon-Senf

4 Radieschen

1 Avocado

1 rote Zwiebel

½ Salatgurke

2 geräucherte Makrelenfilets (ca. 140 g)

Salz, Pfeffer

McMakrele
Fish Burger

Den Backofen auf 200 °C vorheizen. Für die Brötchen alle Zutaten bis auf den Sesam in eine Schüssel geben und gut verkneten. Den Teig zu einer Rolle formen und diese in vier gleich große Stücke schneiden. Die Teigstücke zu Brötchen formen, diese auf ein mit Backpapier belegtes Backblech legen und im heißen Ofen 20 Minuten backen. Die fertigen Brötchen aus dem Ofen holen, in Sesam wälzen und auskühlen lassen. Für den Belag den Dill waschen, trocken schütteln, die Spitzen abzupfen und hacken. Den Hüttenkäse mit 1 EL Zitronensaft, gehacktem Dill und Senf gut vermengen und die Creme mit Salz und Pfeffer abschmecken.

Die Radieschen putzen, waschen und klein würfeln, die Avocado halbieren und den Stein entfernen. Das Fruchtfleisch mit einem Löffel aus der Schale heben, in einer Schüssel mithilfe einer Gabel zermusen und mit dem restlichen Zitronensaft und den Radieschen vermengen. Zwiebel und Gurke schälen und in feine Scheiben schneiden.
Die Brötchen in zwei Hälften teilen, je eine Hälfte mit Hüttenkäse, die andere mit Avocadocreme bestreichen, die Makrelenfilets auf die Brötchenboden legen, mit Gurke und Zwiebel garnieren und die Deckel auflegen.

Boa!
Gesunde Bao-Burger mit Kürbis

Je nachdem, wie gierig man auf die Kürbisfüllung ist oder wie viel man davon in den Burger packen will, kann man davon auch mehr machen. Sie hält sich super im Kühlschrank und kann am nächsten Tag hervorragend zum Beispiel mit Linsen zu einem Hauptgericht gestreckt werden.

Für die Brötchen einen Bogen Backpapier in zwölf gleich große Rechtecke schneiden. Aus 100 g Mehl, Hefe und 100 ml Wasser einen Teig rühren und diesen bei warmer Raumtemperatur etwa 30 Minuten gehen lassen, bis der Teig gut von Blasen durchzogen ist. Dann restliches Mehl, Milch, Salz und Zucker dazugeben und den Teig von Hand so lange kneten, bis er glatt ist. Den Teig zugedeckt an einem warmen Ort etwa 1 Stunde gehen lassen, bis er sein Volumen verdoppelt hat. Den Teig aus der Schüssel auf eine leicht bemehlte Arbeitsfläche geben und in sechs bis zehn gleich große Portionen teilen. Die Teigstücke erst zu länglichen Brötchen formen, dann mit den Nudelholz zu Zungen auswellen. Die Zungen zusammenklappen, dabei jeweils 1 Backpapierrechteck dazwischenlegen, damit der Teig nicht zusammenklebt. Die Teigtaschen auf einen weiteren Bogen Backpapier setzen und abgedeckt nochmals 1 Stunde an einem warmen Ort gehen lassen. In einem weiten Topf Wasser zum Kochen bringen und die Brötchen portionsweise zusam-

men mit dem Backpapier in den Dämpfeinsatz setzen, dabei etwas Platz zwischen den Brötchen lassen. Die Brötchen je ca. 15 Minuten dämpfen. Für die Füllung den Backofen auf 200 °C vorheizen. Kürbis waschen, putzen, entkernen und in mundgerechte Stücke schneiden. Kürbisstücke in einer Auflaufform mit Sojasauce, Ahornsirup, Ingwer, 5-Gewürz-Pulver, Chili und 2 EL Sesamöl vermengen und im heißen Ofen auf mittlerer Schiene in ca. 30 Minuten weich backen. Die Roten Beten in längliche Stifte schneiden und mit Zucker und Reisessig in einer Pfanne kurz anbraten, bis die Flüssigkeit eingekocht ist. Pfeffer und restliches Sesamöl untermengen und die Pfanne vom Herd nehmen. Frühlingszwiebeln putzen, waschen und in feine Ringe schneiden. Koriander waschen, trocken schütteln und ohne die groben Stiele hacken.
Die Brötchen vom Backpapier lösen, aufklappen und mit Kürbis und Roten Beten füllen. Die Füllung mit Erdnüssen, Koriander und Frühlingszwiebeln toppen und die Burger genießen.

Für 6–10 Burger

300 g Mehl (Type 550)

10 g frische Hefe

50 g Milch

½ TL Salz

1 TL Zucker

asiatisches Dämpfkörbchen

oder Topf mit Dämpfaufsatz

Für die Füllung

500 g Hokkaido-Kürbis

2 EL Sojasauce

1 EL Ahornsirup

1 EL frisch geriebener Ingwer

1 EL 5-Gewürz-Pulver

½ TL Chilipulver

3 EL Sesamöl

200 g gekochte Rote Beten

1 TL Rohrzucker

3 EL Reisessig

1 Prise Pfeffer

4 Frühlingszwiebeln

½ Bund Koriandergrün

4 EL eingelegter Ingwer

4 EL gesalzene Erdnüsse

Für 2 Portionen
4 Pastinaken
1 Bund bunte Karotten
2 lila Karotten
3 EL Olivenöl
¼ Bund Thymian
250 g Grünkern
ca. 400 ml Gemüsebrühe
2 kleine Bio-Blutorangen
1 Frühlingszwiebel
4 Salbeiblätter
Salz, Pfeffer

Ofenpastinaken mit Grünkern

Den Backofen auf 200 °C (Umluft) vorheizen,
die Pastinaken und Karotten putzen, schälen
und in Stifte schneiden. Rübenstifte auf ein mit
Backpapier belegtes Backblech geben, salzen und
pfeffern und mit dem Öl beträufeln. Thymian-
zweige waschen und auf dem Gemüse verteilen.
Die Rübenstifte im heißen Ofen auf der mittleren Schiene etwa 20 Minuten backen.
In der Zwischenzeit die Grünkernkörner nach
Packungsangabe in der Brühe gar kochen. Von
der Blutorange mit einem scharfen Messer die
Schale bis ins Fruchtfleisch abschneiden und
die Filets zwischen den weißen Trennhäutchen
herauslösen. Frühlingszwiebel putzen, waschen,
dunkelgrünen Teil entfernen und den hellgrünen
Teil in feine Ringe schneiden. Salbei waschen und
fein hacken. Orangenfilets, Frühlingszwiebel und
Salbei unter den Grünkern mischen. Orangen-
Grünkern mit den Karotten auf zwei Tellern
anrichten und servieren.

Avocado-Brot-Salat

Für diesen Salat haben wir uns von einem unserer Münchner Lieblingscafés, dem Del Fiora am Gärtnerplatz, inspirieren lassen. Schmeckt nach Sommer und Italien. Wer keine Lust auf Küche hat, findet ein ähnliches Gericht dort auf der Karte. Ist aber auch kinderleicht selbst zu machen.

Für 2 Portionen

2 reife Avocados
1 Gartengurke
10–12 Romatomaten
2 dicke Scheiben Vollkornbrot
4 EL Olivenöl
ausgepresster Saft von 1 Zitrone
gelbe Chili, in feine Streifen geschnitten
2 EL Körnermix
Salz, Pfeffer

Die Avocados halbieren und die Steine entfernen. Das Fruchtfleisch aus der Schale heben und in grobe Würfel schneiden. Die Gurke nach Geschmack schälen, entkernen und ebenfalls würfeln. Die Tomaten waschen, vierteln und von den Stielansätzen befreien.

Das Brot in Würfel schneiden. In einer Pfanne 1 Schuss Olivenöl erhitzen und die Brotwürfel darin bei mittlerer Hitze kross braten. Brotwürfel in einer Schüssel mit dem vorbereiteten Gemüse vermengen. Das restliche Öl unterheben und den Salat mit Salz und Pfeffer abschmecken. Brotsalat auf zwei Tellern anrichten, etwas Zitronensaft, die Körner und die Chilistreifen darübergeben.

Für 2 Portionen

1 Tasse rote oder braune Quinoa

¼ Rotkohl

1 Granny-Smith-Apfel

2–3 Stängel glatte Petersilie

1 EL Dijon-Senf

1 EL Tahini (Sesammus)

3 EL Olivenöl

1 EL Ahornsirup

3 EL Sonnebnlumenkerne

150 g Schafskäse (Feta)

Salz, Pfeffer

Roter
Waldorfsalat

Die Quinoa nach Packungsangabe kochen, in eine große Schüssel geben und zum Abkühlen zur Seite stellen.

Inzwischen den Rotkohl waschen, vom Strunk befreien und in feine Streifen schneiden. Den Apfel waschen, vierteln, entkernen und ebenfalls in feine Scheiben schneiden. Petersilie waschen, die Blätter abzupfen, diese hacken und zusammen mit Rotkohl und Apfel unter die Quinoa mischen.

Aus Senf, Tahini, Öl und Ahornsirup ein Dressing rühren und dieses mit dem Salat vermengen. Die Sonnenblumenkerne in einer Pfanne ohne Fett rösten, zum Salat geben und den Schafskäse ebenfalls dazubröckeln. Den Salat mit Salz und Pfeffer abschmecken.

Papaya-Karotten-Salat

Wer mehr Hunger hat oder gern noch gesunde Proteine ergänzen will, der legt mit gedünstetem Fisch oder in der Pfanne kross gebratenem Tofu einfach noch eins drauf. Als Beilage reicht der Salat für vier Personen.

Für 2 Portionen
200 g feste gelb-grüne Papaya
100 g Karotten
1 lange Thai-Bohne oder
60 g grüne Brechbohnen
50 g Tamarindenpaste
2 EL ungesalzene Erdnusskerne
2 frische lange rote Chilischoten
1 Bio-Limette
6 Kirschtomaten
1 EL Palmzucker
1½ EL Fischsauce
Salz

Papaya und Karotten putzen bzw. entkernen, schälen und mit einem Sparschäler in feine lange Streifen schneiden. Die Bohne waschen, putzen und in ca. 2 cm lange Stücke schneiden.

Die Tamarindenpaste in 3 EL Wasser einweichen. Die Erdnüsse in einer Pfanne ohne Fett goldbraun rösten.

Die Chilis halbieren, entkernen, waschen und in Streifen schneiden. Die Bohnenstücke etwa 3–4 Minuten in kochendem Salzwasser blanchieren, dann in ein Sieb abgießen und kalt abschrecken. Den Saft der Limette auspressen. Die Tomaten waschen.

Tamarindenpaste, Palmzucker, Limettensaft und Fischsauce in einer großen Schüssel zu einem Dressing vermengen und mit den Kirschtomaten, den Karotten- und Papayastreifen mischen. Den Salat auf einer Platte anrichten, mit den Erdnüssen bestreuen und servieren.

Soba-Nudel-Zöpfe

Die Cashews in einer Pfanne ohne Fett kurz rösten, abkühlen lassen und grob hacken. Pak Choi
in mundgerechte Stücke schneiden, waschen und
gut abtropfen lassen. Bohnen putzen, waschen
und abtropfen lassen. Pflücksalat waschen und
trocken schleudern.

Für das Dressing den Knoblauch schälen. Chili
halbieren, entkernen, waschen und klein schneiden. Ingwer schälen und reiben. Das Zitronengras
von den harten äußeren Blättern befreien und
im Mörser zerdrücken. Kräuter waschen, trocken
schütteln und die Blätter abzupfen. Kokosmilch
mit Knoblauch, Chili, Ingwer, Zitronengras,
Tamari, Limettensaft, Honig und der Hälfte der
Kräuter im Blender pürieren.

Pak Choi und Bohnen in kochendem Salzwasser
kurz blanchieren und in Eiswasser abschrecken.
Die Nudeln in Salzwasser 2–3 Minuten kochen
und ebenfalls in Eiswasser abschrecken.
Nudeln, Gemüse, Pflücksalat und Dressing in
einer Schüssel vermengen und die restlichen
Kräuter untermischen. Alles mit den Nüssen
bestreuen.

Für 2 Portionen

100 g Cashewkerne
2 kleine Stauden Pak Choi
200 g grüne Bohnen
200 g Pflücksalat nach Geschmack
1 Knoblauchzehe
1 grüne Chilischote
1 fingergroßes Stück Ingwer
2 Stängel Zitronengras
½ Bund Thai Basilikum
½ Bund violettes Basilikum
½ Bund Minze
½ Bund Koriandergrün
200 g Kokosmilch
2 EL Tamari
ausgepresster Saft von 2 Limetten
1 TL Honig
Meersalz
200 g Soba-Nudeln

Zucchini-Chili-Pasta

Gemüsepasta ist eine ganz wunderbare Sache, bei uns steht der Spirelli-Dreher selten still. Schnell gemacht, roh und tausendfach kombinierbar sind sie immer ein gesunder Snack oder ein ganzes Dinner. Wer es etwas sättigender haben will, mischt einfach pro Portion noch 60–80 g gekochte Vollkorn-Spaghetti unter.

Für 2 Portionen
1 Stange Lauch
2 Zucchini
2 EL gehackte Pistazienkerne
1 Handvoll Basilikumblätter
1 Handvoll Minze
1 grüne Chili
3 EL Olivenöl
ausgepresster Saft und abgeriebene Schale von 1 Bio-Zitrone
1 reifer Pfirsich
100 g Schafskäse (Feta)
½ EL Honig
Salz, Pfeffer

Lauch waschen, putzen und in feine Streifen schneiden. Lauchstreifen in kochendem Salzwasser in 5 Minuten gar kochen, abgießen und kalt abschrecken.

Zucchini waschen, putzen, mit einem Spiralizer in Spaghetti schneiden und unter den Lauch mischen. Basilikum waschen, Minze waschen und die Blätter abzupfen. Chili halbieren, entkernen, waschen und in feine Streifen schneiden. Chili, Minze, Basilikum, Zitronenschale und -saft unter die Gemüse-Pasta heben. Diese mit Salz und Pfeffer abschmecken. Pfirsich waschen, halbieren, vom Stein befreien und klein würfeln. Den Feta zerbröckeln und mit dem Pfirsich auf die Pasta streuen. Den Honig und das Olivenöl darüberträufeln, mit den gehackten Pistazienkernen bestreuen und die Pasta genießen.

Reisnudeln mit Edamame und Lachs

*Das mit dem Sattwerden ist gar nicht so leicht,
wenn man viele Proteine komplett weglassen muss.
Wer dann einfach auf Brot und Nudeln umsattelt,
hat schnell ein paar Kilo mehr auf den Rippen.
Um das zu vermeiden, kombinieren wir leichte
Kohlenhydrate mit „erlaubtem" Eiweiß.*

Für 2 Portionen

200 g TK-Edamame

150 g breite Reisnudeln

2 EL Sonnenblumenöl

250 g Lachsfilet (Sushi-Qualität)

1 Bio-Zitrone

200 g Frühlingszwiebeln

½ Bund Koriandergrün

1 EL Sesamöl

2 EL heller und schwarzer Sesam

1 EL Reisessig

ausgepresster Saft von 1 Limette

Salz, Pfeffer

Reichlich Wasser mit etwas Salz zum Kochen bringen. Die Edamame ins kochende Wasser geben und kurz blanchieren. Edamame mit einem Schaumlöffel aus dem Wasser heben, abtropfen und etwas abkühlen lassen. Dann die Kerne aus den Schalen pulen.

Die Reisnudeln nach Packungsangabe garen, in ein Sieb abgießen und mit heißem Wasser abspülen. Nudeln mit 1 EL Sonnenblumenöl vermengen und abgedeckt beiseitestellen.

Den Backofen auf 200 °C vorheizen. Das Lachsfilet waschen, eventuell von Gräten befreien und halbieren. Die Zitrone waschen und in Scheiben schneiden. Eine feuerfeste Form mit etwas Öl auspinseln und mit den Zitronenscheiben auslegen. Den Lachs darauflegen und im heißen Ofen auf der mittleren Schiene in 10–15 Minuten glasig backen.

Inzwischen die Frühlingszwiebeln putzen, waschen und die weißen und hellgrünen Bestandteile in dünne Scheiben schneiden. Den Koriander waschen, trocken schütteln und ohne die groben Stiele hacken.

Restliches Sonnenblumenöl in einer Pfanne erhitzen und Frühlingszwiebeln sowie Edamamekerne darin kurz andünsten, anschließend zusammen mit Sesamöl, Sesamsaat, Reisessig und dem gehackten Koriander unter die Nudeln heben. Pasta auf zwei Tellern anrichten, den gegarten Lachs auf das Nudelbett setzen, leicht pfeffern und mit Limettensaft beträufeln.

Für 2 Portionen

150 g frischer Thunfisch in Sushi-Qualität

1 TL Wasabi

2 EL Sojasauce

4 EL Avocadoöl

1 große gelbe Zucchini

1 große grüne Zucchini

30 g Nori-Chips

2 EL schwarzer Sesam

Zucchini-Pasta
mit Thunfisch

Den Thunfisch unter kaltem Wasser vorsichtig abspülen und in sehr feine, tatarkleine Stücke hacken. Aus Wasabi, Sojasauce und Avocadöl eine Marinade rühren, diese unter den Thunfisch ziehen und den Fisch ca. 20 Minuten marinieren. In der Zwischenzeit Zucchini waschen, putzen und in feine Spaghetti schneiden, idealerweise mit einem Spiralizer.

Aus den Spaghetti kleine Nester drehen, diese auf zwei Teller setzen und jeweils 1 Thunfisch-Tatar-„Ei" in der Mitte jedes Nests platzieren. Die Teller zum Servieren mit Nori-Chips und Sesam garnieren.

Gefüllte Paprika

Den Grünkern in kochendem Salzwasser in etwa 45 Minuten weich kochen. Die Schalotten und den Knoblauch schälen und fein hacken. Petersilie waschen, trocken schütteln, die Blättchen abzupfen und fein hacken.

Den Backofen auf 200 °C vorheizen. In einer Pfanne das Olivenöl erhitzen und Schalotten und Knoblauch darin glasig dünsten. Cranberrys und Kapern dazugeben und alles kurz anschwitzen. Zwiebel-Cranberry-Mix, Zitronensaft und -schale sowie zwei Drittel der gehackten Petersilie in einer Schüssel mit den Körnern mischen.

Die Paprikas halbieren, von Kernen und weißen Trennwänden befreien und waschen. Die Paprikahälften mit der Körnermischung füllen, in eine feuerfeste Form setzen und im heißen Ofen auf der mittleren Schiene ca. 20 Minuten backen.

Vor dem Servieren die Avocados halbieren und die Steine entfernen. Das Fruchtfleisch mit einem Löffel aus den Schalen heben und in Spalten schneiden. Gefüllte Paprikas aus dem Ofen holen, auf zwei Tellern anrichten, Avocadospalten drumherum arrangieren und die restliche Petersilie daraufstreuen.

Für 2 Portionen
150 g Grünkern
2 kleine Schalotten
1 Knoblauchzehe
½ Bund Petersilie
2 EL Olivenöl
60 g getrocknete Cranberrys
2 EL kleine Kapern (Glas)
ausgepresster Saft und abgeriebene Schale von 1 Bio-Zitrone
4 EL Körnermischung (z. B. Sonnenblumenkerne, Kürbiskerne, oder ähnliches)
2 grüne Paprikaschoten
2 reife Avocados
Salz

Radicchio-Wrap mit pinkem Kimchi

Für 2 Personen und etwa 2 Gläser Kimchi mit 500 ml
(der Kimchi lässt sich im Kühlschrank bis zu 6 Wochen aufbewahren)

200 g Belugalinsen	**Für den pinken Kimchi**
4 EL Granatapfelkerne	½ kleiner Rotkohl
6 Radieschen	¼ Chinakohl
2 lila Karotten	2 EL Meersalz
1 orange oder gelbe Karotte	2 l Mineralwasser
4 EL pinker Kimchi (selbstgemacht oder gekauft,	1 Stück Ingwer (ca. 2 cm)
geht aber auch ganz ohne)	2 Knoblauchzehen
4 große Blätter Radicchio	2 Frühlingszwiebeln
1 EL schwarzer Sesam	1 kleiner Apfel
4 EL Gartenkresse	2 TL koreanischer roter Pfeffer
Salz	3 EL Tamari

Die Linsen nach Packungsangabe in Salzwasser gar kochen und etwas abkühlen lassen. Bei Bedarf restliches Wasser abgießen, Granatapfelkerne untermischen.

Radieschen waschen und putzen. Möhren putzen, schälen, zusammen mit den Radieschen in dünne Scheiben schneiden und gut mit dem Kimchi vermengen. Radicchioblätter waschen, trocken tupfen, mit Gemüse sowie Linsen füllen und mit Sesam und Kresse garnieren.

Für den Kimchi den Kohl vom Strunk befreien, in kleine Stücke schneiden, waschen, abtropfen lassen und mit dem Salz in einer Schüssel gut vermengen. 200 ml Mineralwasser zugießen und den Kohl 20 Minuten marinieren. Das Wasser abgießen, Kohl unter fließendem Wasser in einem Sieb gut ausspülen und trocken tupfen.

Den Ingwer schälen und fein reiben. Den Knoblauch schälen und durch die Presse drücken. Frühlingszwiebeln putzen, waschen und in feine Ringe schneiden. Den Apfel waschen, vierteln, entkernen und fein reiben. Pfeffer, Knoblauch, Tamari, Ingwer und Zwiebeln in einer Schüssel mit 2 EL Mineralwasser vermengen, Kohl und Apfel dazugeben und in weiteren 5 Minuten alles miteinander vermengen, gut massieren. Anschließend das Gemüse in ein steriles Schraubglas füllen, ca. 5 cm Luft nach oben lassen und das Glas leicht verschließen, nur andrehen. Kimchi bei Raumtemperatur 1–2 Tage fermentieren lassen. Wer es saurer mag, lässt den Kimchi gern 2 Tage länger stehen. Dann den Kimchi im Kühlschrank weitere 5 Tage ganz verschlossen nachziehen lassen, um den Geschmack zu verstärken, er kann aber auch schon vorher verzehrt werden.

Süßkartoffel-Spinat-Curry

Für 4 Portionen

2 rote Zwiebeln
1 Knoblauchzehe
2 rote Chilischoten
600 g Süßkartoffeln
150 g Babyspinat
1 EL Olivenöl
1 TL frisch geriebener Ingwer
1 TL gemahlene Kurkuma
1 TL Kümmel
1 TL gemahlene Senfkörner
350 ml Gemüsebrühe
2 EL Cashewkerne
1 EL gehacktes Koriandergrün

Zwiebeln und Knoblauch schälen und fein hacken. Chilischoten halbieren, entkernen, waschen und in feine Streifen schneiden. Süßkartoffeln schälen und klein würfeln. Spinat waschen und in einem Sieb abtropfen lassen.

Das Öl in einer großen Pfanne erhitzen und Zwiebeln, Knoblauch, Ingwer und Chili anbraten. Sobald die Zwiebeln glasig sind, Kurkuma, Kümmel und Senfkörner dazugeben und eventuell ausgetretene Flüssigkeit bei mittlerer Hitze einköcheln. Süßkartoffeln und Brühe dazugeben und die Kartoffeln in etwa 20 Minuten garen. Inzwischen die Cashews in einer Pfanne ohne Fett rösten und grob hacken. Pfanne vom Herd nehmen, den Spinat unterrühren und das Curry mit Koriander und Nüssen garniert servieren.

Haselnuss-Salat

Für 2 Portionen

200 g frischer Blattsalat

3–4 reife Feigen

1 Handvoll Heidelbeeren

150 g Haselnusskerne

1 Zweig Rosmarin

2 EL guter Aceto balsamico

4 EL Olivenöl

2 EL Granatapfelsaft

Salz, Pfeffer

Den Salat putzen, mundgerecht zerzupfen, waschen und trocken schleudern. Die Feigen waschen, vom Stiel befreien und vierteln. Heidelbeeren waschen und vorsichtig trocken tupfen. Blattsalat, Feigen und Heidelbeeren in eine Schüssel geben.

Haselnüsse in einer Pfanne ohne Fett kurz rösten und grob hacken. Rosmarin waschen, trocken schütteln, die Nadeln abzupfen und fein hacken. Essig, Öl, Granatapfelsaft und Rosmarin zu einem Dressing vermengen, mit Salz und Pfeffer abschmecken und dieses über den Salat geben.

Karotten-Kurkuma-Pilaw

Für 4 Portionen

1 rote Zwiebel
2 Karotten
1 Knoblauchzehe
1 rote Chilischote
2 EL Olivenöl
1 EL gemahlener Kreuzkümmel
1 TL gemahlene Kurkuma
1 TL Paprikapulver, edelsüß
½ TL Zimtpulver
¼ TL gemahlener Kardamom
1 Msp. gemahlener Piment
200 g Langkornreis
200 g rote Linsen
100 ml frisch gepresster Orangensaft
600 ml Gemüsebrühe
2 EL Mandeln
1 EL Cashewkerne
100 g frischer Spinat
1 EL Rosinen
abgeriebene Schale von 1 Bio-Orange
1 Handvoll Physalis
Salz, Pfeffer

Zwiebel schälen. Karotten putzen und schälen. Beides fein würfeln. Knoblauch schälen. Chili halbieren, entkernen und waschen. Beides in dünne Scheiben schneiden.

Olivenöl in einer Pfanne erhitzen und die Zwiebel darin bei mittlerer Hitze 5 Minuten rösten. Kreuzkümmel hinzufügen und 3 Minuten mit anbraten. Karotten, Knoblauch, Chili und restliche Gewürze hinzufügen und 5 Minuten mitbraten. Reis und Linsen hinzufügen, den Pfanneninhalt mit Orangensaft und Gemüsebrühe aufgießen und in 5 Minuten ohne Deckel aufkochen lassen. Dabei immer wieder umrühren. Bei Bedarf (sollte der Reis am Pfannenboden festkleben) noch etwas Wasser hinzufügen und die Pfanne mit einem Deckel verschließen. Pilaf bei schwacher Hitze 20–25 Minuten garen. Zwischendurch kontrollieren, damit nichts anbrennt.

In einer zweiten Pfanne die Mandeln und Nüsse ohne Fett ca. 3 Minuten rösten, dabei ab und zu schwenken. Darauf achten, dass sie nicht verbrennen. Spinat waschen und abtropfen lassen. Etwa 5 Minuten vor dem Ende der Garzeit den Spinat mit in die Pfanne geben und unterrühren. Pilaw mit Salz und Pfeffer abschmecken und mit Physalis, Rosinen, Orangenabrieb und den Nüssen garniert servieren.

Für 2 Portionen

200 g fester Ziegenkäse

2 EL Ahornsirup

1 EL Kümmelsamen

1 kleiner Radicchio

200 g vorgegarte Rote Beten

½ Bund Minze

1 Bio-Zitrone

4 EL Olivenöl

50 g Pistazien

Salz, Pfeffer

Radicchio-Rote-Bete-Salat
mit Ziegenkäse und Pistazien

Dieser knallrote Salat steckt voller supergesunder Zutaten. Weil er auch noch wahnsinnig gut schmeckt, ist er zu unserem Lieblingssalat geworden – Spitzname: der Rote. Übrigens, wer lieber Schafskäse mag: Der Lieblingssalat darf natürlich mit dem Lieblingskäse gegessen werden!

Den Backofen auf 180 °C vorheizen. Den Ziegenkäse in grobe Stücke teilen und mit Ahornsirup, Salz, Pfeffer und Kümmel in Alufolie wickeln. Das Käsepaket 15–20 Minuten im Ofen backen. In der Zwischenzeit vom Radicchio die äußeren Blätter abtrennen. Den Radicchio in feine Streifen schneiden, waschen, trocken schleudern und in eine große Schüssel geben. Die Roten Beten in kleine Würfel schneiden und unter den Radicchio mischen. Die Minze waschen, abtrocknen, die Blättchen abzupfen und fein hacken. Die Zitrone heiß waschen und abtrocknen. Die Schale fein abreiben, den Saft auspressen und beides mit dem Olivenöl zum Salat geben. Den Salat mit Salz und Pfeffer abschmecken. Die Pistazien grob hacken. Den Salat auf zwei Tellern anrichten, den Ziegenkäse daraufgeben und mit den Pistazien garniert servieren.

Erbsen-Socca
mit Wildkräutersalat

Pfannkuchen und Pancakes von Oma – unsere liebste Kindheitserinne-
rung. Ab sofort gibt es aber lieber die gesunde Variante: frisch, vollwertig
und knallgrün. Mit etwas Wildkräutern werden sie zum gesunden Lunch –
das hätte sogar Oma geschmeckt!

Für 2 Portionen

100 g Kichererbsenmehl
400 g TK-Erbsen
½ Bund Minze
Sonnenblumenöl zum Braten
2 Handvoll Wildkräutersalat
50 g getrocknete Aprikosen
2 EL Olivenöl
ausgepresster Saft von 1 Zitrone
3 EL gehobelte Mandeln
Salz, Pfeffer

Das Kichererbsenmehl mit 100 ml Wasser, etwas Salz und Pfeffer vermengen. Den Teig ca. 2 Stunden ziehen lassen.

Reichlich Wasser mit Salz zum Kochen bringen. Die Erbsen darin kurz blanchieren, in ein Sieb abgießen und abtropfen lassen. Die Minze waschen und trocken schütteln. Die Hälfte der Erbsen sowie die Minze zum Kichererbsenteig geben und diesen fein pürieren. Die restlichen Erbsen unter den Teig rühren.

Etwas Sonnenblumenöl in einer beschichteten Pfanne erhitzen. Jeweils 2–3 EL Teig nebeneinander in die Pfanne setzen und mit dem Löffelrücken flach drücken. Die Puffer in ca. 10 Minuten bei mittlerer Hitze von beiden Seiten knusprig braten. Die fertigen Puffer auf Küchenpapier abtropfen lassen.

Den Wildkräutersalat waschen und abtrocken. Die Aprikosen klein schneiden. Das Olivenöl mit dem Zitronensaft vermischen, den Salat damit marinieren. Den Salat mit den Puffern anrichten, die Aprikosen und Mandeln zum Garnieren darüberstreuen.

Grüner Spargel mit Erbsen und Minzpesto

Für 2 Portionen

250 g grüner kurzer Spargel

5 EL Rapskernöl

140 g grüne Erbsen (Dose)

4–5 Minzeblätter

2 EL Dijon-Senf

1 Prise Meersalz

5–7 Pekannusskerne

2 EL Kernemix (z. B. Sonnenblumenkerne,
Kürbiskerne oder Ähnliches)

Pfeffer

Den Spargel waschen. In einer Pfanne 3 EL Öl erhitzen und den Spargel darin ca. 5 Minuten bei mittlerer Hitze anbraten.

Die Erbsen in einem Sieb abtropfen lassen. Minze waschen und zusammen mit Erbsen, Senf, restlichem Öl, Salz und Pfeffer im Blender einmal kurz grob pürieren. Nüsse grob hacken. Den Spargel auf eine Platte geben, das Pesto auf dem Spargel verteilen und mit Nüssen und Samen bestreut servieren.

Quinoa-Kurkuma-Salat

Für 2 Portionen

1 Tasse Quinoa

2 Tassen Gemüsebrühe

50 g Edamame, Salz

4 EL Reisessig

3 EL Rapsöl

50 g Kokosmilch

½ TL gemahlener Koriander

1 TL gemahlene Kurkuma

1 EL Kokosblütenzucker

25 g frisch geriebener Ingwer

1 Handvoll frische Korianderblätter

Die Quinoa nach Packungsangabe in der Gemüsebrühe gar kochen. Inzwischen die Edamame in heißem Salzwasser 2 Minuten aufkochen lassen, in eine Sieb abgießen und unter kaltem Wasser abschrecken. Edamame etwas abkühlen lassen, die Kerne aus den Schalen pulen und unter die Quinoa mischen.

Quinoa-Edamame-Mischung in eine Schüssel geben. Aus den restlichen Zutaten eine Sauce rühren, diese mit Salz abschmecken und unter den Salat mengen. Koriander darüberstreuen.

Grünkohl-Radieschen-Salat
mit Brombeeren

Für 2 Portionen
1 Kopf Grünkohl
300 g Brombeeren
1 Bund Radieschen
2-3 Stängel Minze
100 g Cashewkerne
3 EL Rapsöl
Salz, Pfeffer

Den Grünkohl gut waschen, abtropfen lassen und grob in Stücke zupfen. Die Brombeeren vorsichtig waschen und abtropfen lassen. Grünkohl mit der Hälfte der Brombeeren in eine große Schüssel geben. Radieschen waschen, putzen und vierteln. Die Minze waschen, trocken schütteln und die Blättchen abzupfen.

Die Cashews in einer Pfanne ohne Fett kurz anrösten, auf ein Brett geben und etwa ein Drittel der Nüsse hacken. Gehackte Cashews zum Salat geben, den Rest zusammen mit den übrigen Brombeeren, der Minze, dem Öl, Salz und Pfeffer im Blender zu einem Dressing pürieren. Radieschen und Dressing zum Salat geben und alles gut vermengen.

Für 2 Portionen

300 g Rosenkohl

½ Knoblauchzehe

4 EL Olivenöl

40 g Mandeln

1–2 Stängel frischer Thymian

100 g große grüne Oliven ohne Stein

1 TL Honig

40 Kapernäpfel plus etwas Sud (Glas)

Salz, Pfeffer

Rosenkohlsalat
mit Oliven und Kapern

Die Mandeln in einer Pfanne ohne Fett kurz rösten, auf einem Brett abkühlen lassen und grob hacken. Thymian waschen und die Blättchen abzupfen.

Den Rosenkohl waschen, die Enden abschneiden und die Röschen in feine Streifen schneiden. Knoblauch schälen.

2 EL Olivenöl in der Pfanne erhitzen, Rosenkohl und Knoblauchstück dazugeben und bei mittlerer Hitze 5–8 Minuten dünsten. Rosenkohl-Mischung in eine Schüssel geben und beiseitestellen. Den Knoblauch für das Dressing aufbewahren.

Die Oliven in Ringe schneiden und zum Kohl geben. Knoblauch, restliches Öl, Honig, einen Schuss Kapernsud und Thymianblättchen im Blender zu einem Dressing mixen und dieses mit Salz und Pfeffer abschmecken. Dressing unter den Salat mischen und die Kapernäpfel darauf arrangieren.

Dazu passt auch wunderbar ein Vollkornpfannkuchen (S. 38) als Wrap oder geröstetes Brot.

Wildreis-Pilz-Salat

Für 2 Portionen
300 g Wildreis
1 Zwiebel
300 g gemischte Pilze
1 Bund Schnittlauch
2 EL Olivenöl
2 EL Aceto balsamico
80 g Walnusskerne
4 EL getrocknete Sauerkirschen
Pfeffer, Salz

Den Reis nach Packungsangabe in Salzwasser garen. Inzwischen die Zwiebel schälen und in Würfel schneiden. Pilze putzen und in Scheiben schneiden. Den Schnittlauch waschen und in feine Ringe schneiden.

Das Öl in einer Pfanne erhitzen und die Zwiebel darin kurz andünsten. Pilze hinzufügen und unter Rühren 2–3 Minuten kräftig anbraten, dann die Pilze in eine Schüssel geben. Pilze salzen, pfeffern und mit Aceto balsamico verrühren. Den Reis in ein Sieb abgießen, abtropfen lassen und zu den Pilzen geben.

Die Walnüsse in der Pfanne, in der die Pilze gebraten wurden, rösten, auf einem Brett etwas abkühlen lassen, grob hacken und zusammen mit den Kirschen und dem Schnittlauch unter den Salat mischen. Diesen eventuell noch mal mit Salz und Pfeffer abschmecken und lauwarm servieren.

Ofen-Falafel

Passt ideal zum Hummus (S. 60) oder zu fast allen
Salaten in diesem Buch als zusätzliche Beilage.

Für 10–14 Bällchen

300 g Fava-Bohnen
150 g Quinoa
1 TL Kümmelsamen
1 TL Koriandersamen
1 kleine rote Zwiebel
1 Knoblauchzehe
abgeriebene Schale von 1 Bio-Zitrone
½ Bund Petersilie
½ Bund Koriandergrün
1 Msp. Cayennepfeffer
6 EL Rapsöl
Salz, Pfeffer

Die Fava-Bohnen ca. 1 Minute in kochendem Salzwasser blanchieren und anschließend unter Eiswasser abschrecken. Sobald sie etwas abgekühlt sind, die Kerne aus den Schalen pulen. Quinoa nach Packunsgsangabe in Salzwasser garen und leicht auskühlen lassen.

Kümmel- und Koriandersamen in einer Pfanne rösten, grob mörsern, zusammen mit allen Zutaten bis auf die Quinoa in den Blender geben und pürieren. Portionsweise die Quinoa zugeben und kurz mixen, die Masse immer wieder vom Rand des Mixbechers in die Mitte schaben. Anschließend das Püree für 1 Stunde in den Kühlschrank stellen.

Den Backofen auf 200 °C vorheizen. Mit leicht feuchten Händen aus der Bohnenmasse kleine Kugeln formen, mit Öl bestreichen, auf ein mit Backpapier belegtes Blech setzen und im heißen Ofen in etwa 20 Minuten goldbraun backen. Die fertigen Bällchen aus dem Ofen holen und mit grünem Salat und Hummus servieren.

Für 2 Portionen

Für den Salat

200 g schwarze Linsen

200 g Zuckerschoten

2 Frühlingszwiebeln

2 grüne Chilischoten

¼ Bund frische Brunnenkresse

¼ Bund Koriandergrün

50 g Pisatzienkerne

2 EL Ziegenfrischkäse

Salz, Pfeffer

Für das Dressing

ausgepresster Saft von 1 Zitrone

2 EL Weißweinessig

2 TL Dijon-Senf

1 EL Honig

6 EL Avocadoöl

Schwarze Linsen
mit Pistazien und Zuckerschoten

Die Linsen in eine Schüssel geben, mit Wasser bedecken und über Nacht einweichen, dann in ein Sieb abgießen und nochmals unter fließendem Wasser durchspülen. Die Linsen in einen Topf geben, mit frischem Wasser bedecken, aufkochen und bei mittlerer in etwa 9 Minuten garen.

In einem zweiten Topf Salzwasser zum Kochen bringen und die Zuckerschoten darin etwa 2 Minuten sieden lassen, dann in kaltem Wasser abschrecken und in ein Sieb abgießen.

Die Frühlingszwiebeln putzen, waschen und in feine Ringe schneiden. Die Chilis halbieren, entkernen, waschen und fein hacken. Brunnenkresse waschen und abtropfen lassen. Koriander waschen, trocken schütteln und ohne die groben Stiele fein hacken. Die Pistazien in einer Pfanne ohne Fett rösten, auf einem Brett etwas abkühlen lassen und grob hacken.

Alle Zutaten für das Dressing gut verrühren, mit Linsen, Zuckerschoten, Frühlingszwiebeln, Chilischoten, Brunnenkresse, Koriander und Pistazien in eine Schüssel geben und miteinander mischen. Den Salat mit Salz und Pfeffer abschmecken und mit dem Ziegenkäse garnieren.

Avocado-Kaviar-Pasta

Für 2 Portionen
250 g Soba-Nudeln
1 kleine Orange
1 reife Avocado
½ Bund Schnittlauch
100 g Forellen- oder Lachskaviar
4 EL Avocadoöl
1 getrocknetes Nori-Algenblatt
1 Prise Meersalz
Pfeffer

In einem großen Topf die Soba-Nudeln nach
Packungsangabe garen. Inzwischen die Orange
halbieren und den Saft auspressen. Die Avocado
halbieren und den Stein entfernen. Das Fruchtfleisch mit einem Löffel aus der Schale heben,
klein würfeln, in eine Schüssel geben und mit dem
Orangensaft mischen. Schnittlauch waschen,
trocken schütteln, in feine Röllchen schneiden,
zusammen mit dem Kaviar und dem Avocadoöl
zu den Avocadowürfeln geben und behutsam
untermischen.
Die Nudeln in ein Sieb abgießen und vorsichtig
unter die Avocadomischung heben. Die Pasta mit
Salz und Pfeffer abschmecken, auf zwei Tellern
anrichten und mit dem zerkrümelten Noriblatt
bestreut servieren.

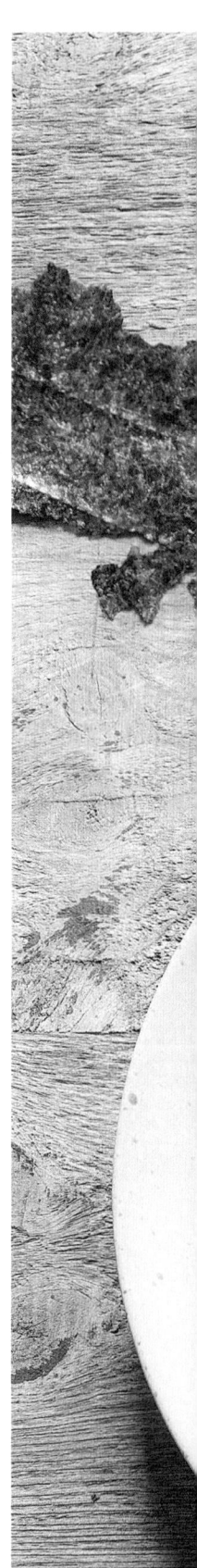

Kokos-Pomelo-Salat mit Ceviche

Für 2 Portionen

Für das Dressing

1 Stück frischer Ingwer (ca. 2 cm)

50 ml Reiswein

50 ml frisch gepresster Orangensaft

½ TL gemahlener Kardamom

½ TL gemahlener Sternanis

½ TL Zimtpulver

½ TL grüne Currypaste

Für den Salat

200 g sehr frisches Zanderfilet

50 ml frisch gepresster Limettensaft

1 Pomelo

100 g Zuckerschoten

100 g Edamame

½ grüne Paprikaschote

4 Frühlingszwiebel

100 g Sprossen

1 Handvoll Koriandergrün

1 Handvoll Minze

2 EL Kokosflocken

2 EL Cashewkerne

½ EL Chiliflocken

Salz

Zander kalt abspülen und mit Küchenpapier trocken tupfen, eventuell noch vorhandene Gräten mit einer Pinzette entfernen. Das Filet in etwa 1 cm große Würfel schneiden, mit Limettensaft übergießen und mit Frischhaltefolie abgedeckt mindestens 3 Stunden im Kühlschrank marinieren, dabei immer wieder umrühren.

Inzwischen für das Dressing den Ingwer schälen und fein reiben. In einem kleinen Topf Reiswein, Orangensaft, die Gewürze und die Currypaste leicht erwärmen, alles gut vermengen und zum Abkühlen zur Seite stellen.

Für den Salat die Pomelo mit einem scharfen Messer großzügig schälen und die Filets zwischen den weißen Trennhäutchen herauslösen, dabei den Saft auffangen. Die Filets in mundgerechte Stücke schneiden und mindestens 30 Minuten im Dressing ziehen lassen.

Unterdessen die Zuckerschoten in kochendem Salzwasser 2 Minuten blanchieren, mit dem Schaumlöffel herausheben, in Eiswasser abschrecken, in ein Sieb abgießen und in feine Streifen schneiden. Nun die Edamame ins kochende Salzwasser geben, 2 Minuten darin garen, in ein Sieb abgießen, kurz abkühlen lassen und die Kerne aus den Schalen pulen. Die Paprika von Kernen und weißen Trennwänden befreien, waschen und in Streifen schneiden. Frühlingszwiebeln putzen, waschen und in feine Ringe schneiden. Die Sprossen waschen und abtropfen lassen. Die Kräuter waschen, trocken schütteln, die Blättchen abzupfen und hacken. Kokosflocken und Cashews in einer Pfanne ohne Fett rösten. Alle Salatzutaten bis auf die Kokosflocken und Cashews in einer Schüssel vermengen und auf zwei Tellern anrichten. Salat mit Nüssen, Kokos- und Chiliflocken garnieren und servieren.

Bibimbap ohne Ei

Klassisch serviert man die wunderbare Bibimbap-Bowl mit einem gekochten Ei. Da Susanne aber so oft wie möglich auf Ei verzichten sollte, lassen wir es einfach weg. Wer die traditionelle Variante bevorzugt, der halbiert einfach ein gekochtes Ei und gibt es mit in die Schüssel.

Für 2 Portionen

Für die Bowl
280 g Rundkornreis
200 g Lachsfilet
40 g fester Tofu
1 Knoblauchzehe
1 EL dunkle Sojasauce
2 Blätter Blattsalat
1 getrocknetes Nori-Algenblatt
60 g Erbsensprossen
1 kleiner Zucchino
1 Karotte
120 g Spinat
1 Zwiebel
60 g Shiitake-Pilze oder
braune Champignons
Pflanzenöl zum Braten
Salz, Pfeffer

Für die Gochujang-Sauce
½ EL heller Sesam
2 EL Gochujang
1 TL Reisessig
1 EL Sesamöl
1 EL Honig oder Zucker

Für die Sauce die Sesamsamen in einer Pfanne ohne Fett rösten, bis sie duften. Dann mit den anderen Zutaten gründlich vermischen.

Für die Bowl den Reis mehrmals waschen, dann mit 600 ml Wasser in einem tiefen Topf zum Kochen bringen. Nach dem Aufkochen umrühren und bei schwacher Hitze in 15 Minuten fertig garen. Lachs und Tofu in Streifen schneiden. Den Knoblauch schälen und fein hacken. Lachs und Tofu mit Sojasauce und Knoblauch in einer Schüssel vermengen und 15 Minuten ziehen lassen.

Die Salatblätter waschen, abtrocknen und in dünne Streifen schneiden. Das Noriblatt bei schwacher Hitze in einer Pfanne ohne Fett leicht rösten, dann in dünne Streifen schneiden.

Die Sprossen waschen, mit wenig Wasser und Salz in einen Topf geben und etwa 5 Minuten zugedeckt dünsten. Zucchini waschen und putzen. Karotten putzen und schälen. Spinat verlesen und grobe Stiele entfernen, die Blätter waschen und abtropfen lassen. Die Zwiebel schälen. Pilze putzen. Alles Gemüse in Streifen schneiden und nacheinander in einer Pfanne mit wenig Öl und Salz anbraten und danach warm stellen.

Nochmals etwas Öl in der Pfanne erhitzen, die Lachsmischung darin anbraten und mit Pfeffer abschmecken. Den gekochten Reis auf zwei Schalen verteilen. Gemüse, Fisch und Tofu auf dem Reis anrichten und die Bowl mit der Gochujang-Sauce beträufelt servieren.

Rote-Bete-Suppe
mit Meerrettich

Für 2 Portionen
250 g vorgegarte Rote Beten
2 lilafarbene oder orange Karotten
250 ml Gemüsebrühe
1 süßlicher Apfel
50 ml Apfelsaft
2 EL frisch geriebener Meerrettich
1 Handvoll Wildkräutersalat
Salz, Pfeffer

Rote Beten in Stücke schneiden. Die Karotten putzen, schälen und in feine Scheiben schneiden. Gemüsebrühe in einem Topf zum Kochen bringen, die Karotten dazugeben und darin in ca. 20 Minuten weich kochen.
Inzwischen Apfel schälen, vierteln, vom Kerngehäuse befreien und würfeln. Apfelsaft, Apfel und Rote Beten in die Suppe geben und diese weitere 10 Minuten kochen. Die Suppe mit dem Stabmixer oder im Blender fein pürieren, nochmals erhitzen und den Meerrettich dazugeben. Wildkräutersalat waschen und abtropfen lassen. Suppe mit Salz und Pfeffer abschmecken, auf zwei tiefe Teller verteilen und mit den Wildkräutern garnieren.

Linsen-Dal

Für 2 Portionen

1 Stück Ingwer (ca. 2 cm)
1 Knoblauchzehe
2 EL Erdnussöl
250 g rote Linsen
1 TL gemahlener Kreuzkümmel
2 TL Currypulver
400 ml Gemüsebrühe
200 g stückige Tomaten (Dose)
½ Bund Koriandergrün
150 g Babyspinat
2–3 TL frisch gepresster Zitronensaft
Salz, Pfeffer

Ingwer und Knoblauch schälen und fein würfeln. Das Öl in einem Topf erhitzen und Ingwer und Knoblauch darin 1 Minute andünsten. Linsen, Kreuzkümmel und Currypulver kurz mitdünsten. Die Brühe zugießen, Tomaten einrühren und alles zugedeckt bei mittlerer Hitze 10–12 Minuten kochen, bis die Flüssigkeit fast vollständig aufgesogen ist und die Linsen weich sind. Koriandergrün waschen, trocken schütteln und ohne die groben Stiele hacken, Spinat waschen und trocken schütteln. Dal mit Salz, Pfeffer und Zitronensaft abschmecken. Zum Schluss Koriander und Spinat untermischen.

Für hinterher und jederzeit

Wir sind fürchterliche Naschkatzen, da hilft auch das ganze gesunde Essen nicht. Ab und an muss man dem Drang nach Süßem einfach nachgeben, denn auch das gehört zum Genießen dazu. Die Rezepte in diesem Kapitel verzichten aber auf raffinierten Zucker und sind hauptsächlich mit gesunden ungesunden Dingen hergestellt.

Romy-Detox-Schoki

Unser Vater leidet unter einer fürchterlichen Sucht nach ROMY Kokosschokolade. Mit diesem Rezept haben wir versucht, eine Superfood-Alternative zu kreieren. Gelungen ist uns ein ähnlich süchtig machendes Naschwerk mit nicht weniger Kalorien, aber hochwertigen Zutaten.

Für etwa 20 Stück

Für die Kokosherzen
100 g getrocknete Kirschen
2 EL flüssiges Kokosöl
300 g Kokosflocken
ausgekratztes Mark von 1 Vanilleschote
2 EL Kakaopulver
2 EL Mandelmus
2 EL Ahornsirup

Für die Schokoladensauce
40 ml flüssiges Kokosöl
20 g Kakaopulver
20 ml Ahornsirup

Für die Kokosherzen die Kirschen im Blender glatt mixen, Kokosöl und -flocken untermischen. Alle weiteren Zutaten zugeben, bis ein glatter Teig entstanden ist. Den Teig etwa ½ cm dick ausrollen und mit einer herzförmigen Plätzchenform ausstechen (wer mag, kann aus dem Teig mit einer Eiswürfelform auch Würfel machen). Die Herzen in einem Gefrierbeutel mindestens 2 Stunden einfrieren.

Alle Zutaten für die Schokoladensauce vermengen. Die Teigherzen aus der Tüte nehmen, in die Schokosauce tauchen, auf einem Gitter abtropfen lassen und anschließend über Nacht im Gefrierfach aufbewahren.

Blitz-Mess-Dessert

Manchmal muss es einfach superschnell gehen. Für solche
Momente am besten im Vorratsschrank immer diese Zutaten
lagern – und der Süßigkeiten-Jieper hat keine Chance.

Für 2 Portionen
4 EL Nusskerne
250 g Joghurt
4 EL Maraschino-Kirschen
1 Prise Meersalz
1 TL heller Sesam

Die Nüsse in einer Pfanne ohne Fett rösten, kurz abkühlen lassen und hacken. Gehackte Nüsse mit allen übrigen Zutaten in einer Schüssel vermengen, in zwei Gläser füllen und servieren.

Für 2 Personen

350 g Joghurt (Natur, Kokos oder Soja)

10 g Blütenhonig

Blätter von 3 Zweigen Thymian

ausgepresster Saft von 1 Zitrone

80 g gemischte Waldbeeren (z. B. Brombeeren,
Heidelbeeren, Himbeeren, Walderdbeeren)

1 Prise Meersalz

Frozen Yogurt
mit Waldbeeren

Ein feines Sieb mit einem sauberen Küchentuch auslegen und das Sieb über eine Schüssel hängen. Den Joghurt in das Küchentuch geben und über Nacht die Flüssigkeit abtropfen lassen.

Die Hälfte des Honigs zusammen mit den Thymianblättern und zwei Dritteln des Zitronensaftes in eine Pfanne geben, erhitzen und auf die Hälfte einköcheln lassen, dann zum Abkühlen beiseitestellen.

Die Beeren verlesen, waschen, vorsichtig trocken tupfen, mit dem restlichen Honig und dem Salz in einen Topf geben, zum Kochen bringen und bei schwacher Hitze einköcheln lassen. Zum Schluss den restlichen Zitronensaft dazugeben und die Beeren zusammen mit dem Thymianhonig unter den Joghurt ziehen.

Die Creme entweder in der Eismaschine nach Anleitung kühlen oder in eine flache Form füllen und etwa 1 Stunde im Gefrierfach kühlen. Anschließend den Joghurt im Gefrierfach 3 Stunden weiterkühlen, dabei alle 30 Minuten die Masse gut durchrühren, dann zugedeckt für mindestens 4–5 Stunden, besser über Nacht, völlig durchfrieren lassen. Den Frozen Yogurt vor dem Servieren kurz antauen.

Schokobananen-Muffins de luxe

Als Kinder haben wir uns beim Bäcker im Dorf immer Schokobananen gewünscht.
Mürbeteig, Nougatcreme, eine Banane drauf und richtig dick Schokolade darüber.
Vermutlich war mit einem Stück unser Wochenbedarf an Kalorien gedeckt, aber es hat
einfach wunderbar geschmeckt. Diese kleinen Muffins sind ähnlich lecker,
aber lassen sich etwas schuldfreier genießen.

Für 10 Stück

Für den Boden
8 Medjool-Datteln
80 g Kokosflocken
80 g gekeimter Buchweizen
1 EL Ahornsirup
ausgekratztes Mark von 1 Vanilleschote

Für die Füllung
2 reife Bananen
4 EL Kakaopulver
1 TL Maca-Pulver
1 TL Lucuma-Pulver
5 Medjool-Datteln
60 g Kokosmilch
120 ml Kokosöl

Für die Schokosauce
120 ml Kokosöl
60 g Kakaopulver
3 EL Ahornsirup

Außerdem
10 Cupcake-Förmchen
Buchweizen zum Bestreuen

Für den Boden die Datelln entsteinen und mit den übrigen Bodenzutaten im Blender zu einem Teig mixen. Diesen auf 10 Muffin-Förmchen verteilen und am Boden festdrücken. Die Förmchen für mindestens 2 Stunden ins Gefrierfach stellen.

Für die Füllung die Bananen schälen, im Blender pürieren, dann alle anderen Füllungszutaten dazugeben und zu einer glatten Creme vermixen. Diese auf den Cupcake-Böden verteilen und die Törtchen für weitere 2 Stunden ins Gefrierfach stellen.

Erst dann die Zutaten für die Schokoladensauce miteinander verrühren. Die Küchlein aus den Formen lösen, mit Schokoladensauce übergießen und mit etwas Buchweizen garnieren. Die Törtchen innerhalb von 15 Minuten servieren und verzehren.

Super-Food-Tiramisu

Wenn man eine Weile mit rohen Süßigkeiten herumexperimentiert, dann wird man irgendwann abenteuerlustig und versucht sich an heiß geliebten Klassikern. Geht das auch ohne Ei? Geht das etwas gesünder? So ist dieses Tiramisu entstanden – wir hoffen, in Italien erfährt das niemand.

Für 4 Gläser

Für den Boden
80 g Mandeln
5 Medjool-Datteln
40 g Pekannusskerne
50 g Cashewkerne
1 Prise Meersalz

Für die Kaffeeschicht
70 g Cashewkerne
80 g Mandeln
2 EL Ahornsiurp
60 ml Kokosmilch
60 ml starker Kaffee
1 TL Kokosöl
2 TL Kakaopulver
1 Prise Meersalz
4 vegane Kekse

Für die Cremeschicht
150 g Cashewkerne
150 ml Kokosmilch
2 EL Ahornsirup
1 EL Kokosöl
1 TL Zitronensaft
ausgekratztes Mark von 1 Vanilleschote
1 Prise Meersalz
2 EL fein geraspelte dunkle Schokolade

Für den Boden die Mandeln in einer Schüssel mit Wasser bedecken und über Nacht einweichen lassen. Die Datteln entsteinen. Die Nüsse und abgetrpften Mandeln im Blender fein mahlen, die restlichen Bodenzutaten dazugeben und zu einem klebrigen Teig mixen. Diesen in vier Gläser füllen und die Gläser für mindestens 4 Stunden ins Gefrierfach stellen.

Für die Kaffeeschicht die Cashews in einer Schüssel mit Wasser bedecken und über Nacht einweichen lassen. Nüsse mit Sirup und Kokosmilch im Blender pürieren, anschließend Kaffee und Kokosöl zugeben und untermixen. Dann Kakao und Salz untermixen. Die Mischung in die Gläser füllen, mit je 1 Keks abdecken und wieder ins Gefrierfach stellen.

Für die Cremeschicht die Cashews über Nacht in Wasser einweichen. Zunächst Nüsse, Kokosmilch, Sirup und Kokosöl pürieren, dann Zitronensaft, Vanille und Salz untermixen. Die Creme auf den Keksen in den Gläsern verteilen. Tiramisu mit den Schokoraspeln garnieren und vor dem Servieren für mindestens 4 Stunden ins Gefrierfach stellen.

Rhabarber-Rolls

Für 10 Rollen

Für den Teig
60 ml Milch
10 g frische Hefe
½ EL Kokosblütenzucker
½ TL Meersalz
125 g Dinkelvollkornmehl
225 g Dinkelmehl (Type 630)
35 g Pflanzenmargarine
70 g Kokos-Kefir
(ersatzweise Joghurt)
1 Ei

Für die Füllung
280 g Rhabarber
120 g Brombeeren
1 Vanilleschote
150 g Blütenhonig

Für den Sirup
500 ml Rhabarbersaft

Die Milch lauwarm erhitzen und Hefe und Zucker darin auflösen. Salz und die beiden Mehlsorten in einer Rührschüssel mischen. Margarine schmelzen, zusammen mit Ei, Kokos-Kefir und Hefemischung zum Mehl geben und alles mit den Knethaken des Handrührgeräts in mindestens 10 Minuten zu einem geschmeidigen Teig verkneten. Den Teig in einer mit Frischhaltefolie abgedeckten Schüssel über Nacht im Kühlschrank gehen lassen.

Am nächsten Tag für die Füllung den Rhabarber waschen, bei Bedarf schälen und in kleine Stücke schneiden. Brombeeren waschen und mit dem Rhabarber in einem Topf mischen. Vanillemark und Honig dazugeben. die Mischung aufkochen und 5–10 Minuten köcheln lassen. Das Kompott in ein Sieb gießen und abtropfen lassen, dabei den Saft auffangen.

Den Hefeteig auf leicht bemehlter Arbeitsfläche zu einem 1 cm dicken Rechteck ausrollen und mit dem Kompott bestreichen. Dabei am oberen Rand ca. 5 cm aussparen und den Teig dort mit Wasser bepinseln. Das Rechteck von der der langen Seite her aufrollen und in zehn gleich große Schnecken schneiden. Diese mit Abstand zueinander auf ein mit Backpapier belegtes Blech legen und abgedeckt weitere 30 Minuten an einem warmen Ort gehen lassen.

Den Backofen auf 180°C vorheizen. Die Schnecken im heißen Ofen (Mitte) etwa 25 Minuten backen, bis sie leicht gebräunt sind. Während der Backzeit für den Sirup den Rhabarbersaft in einen Topf geben und in etwa 10 Minuten auf ein Viertel einkochen. Die fertigen Schnecken aus dem Ofen holen und sofort mit dem Sirup bestreichen. Frisch und noch lauwarm schmecken sie am besten.

Rote-Bete-
Schoko-Mousse

Für 4 Portionen

300 g vorgegarte Rote Beten

250 g dunkle Schokolade

2 Avocados

2 große Bananen

150 g Kokosblütenzucker

75 g gemahlene Mandeln

50 g Kakaopulver

1 Prise Salz

1 Handvoll Himbeeren

Die Roten Beten in kleine Stücke schneiden und fein pürieren. Die Schokolade über einem heißen Wasserbad schmelzen.

Avocados halbieren und die Steine entfernen. Das Fruchtfleisch mit einem Löffel aus den Schalen heben. Bananen schälen und in grobe Stücke schneiden. Avocadofruchtfleisch mit Zucker und Bananen im Blender cremig mixen. Rote-Beten-Püree, Schokolade Mandeln, Kakao und Salz dazugeben und alles zu einer feinen Creme vermixen. Die Himbeeren waschen und vorsichtig trocken tupfen. Mousse auf vier Gläser verteilen und mit den Himbeeren garniert servieren.

Für 4 Portionen

1 Handvoll Pekannusskerne

200 g getrocknete Datteln

120 g Cashewmus

1 TL Vanilleextrakt

ausgepresster Saft von 1 Limette

1 Prise Meersalz

2 Bananen

250 g Joghurt oder Kokosjoghurt

Limettenzesten

Nuss-Mousse

Die Pekannüsse in einer Pfanne ohne Fett rösten. Die Datteln in einem kleinen Topf mit Wasser bedecken und kurz aufkochen. Datteln zusammen mit dem Cashewmus, Vanilleextrakt, Limettensaft und Salz im Blender glatt pürieren. Die Bananen schälen und in Scheiben schneiden. Den Joghurt auf vier Becher verteilen, Bananenscheiben darauf verteilen und die Dattelmousse unterziehen. Das Dessert mit Pekannüsse und Limettenzesten garnieren.

164

Karotten sind ein wunderbarer Vitmanin-C-Lieferant und lassen sich nicht nur für herzhafte Gerichte verwenden. Da sie relativ viel Eigensüße haben, schmecken sie wunderbar in Kuchen oder geraspelt – einfach mit etwas Zimt, Ahornsirup und Joghurt.

Roher Karottenkuchen

Für 1 Springform mit 27 cm Ø oder 10 Mini-Küchlein

Für das Frosting die Nüsse in einer Schüssel mit Wasser bedecken und darin mindestens 6 Stunden einweichen, dann in ein Sieb abgießen und im Blender mit allen Frosting-Zutaten glatt pürieren. Für den Kuchen die Datteln entsteinen und hacken. Die Karotten putzen, schälen, fein raspeln und im Blender glatt mixen. Restliche Kuchenzutaten sowie 1 EL Wasser dazugeben und zu einem glatten Teig pürieren. Diesen in eine Springform oder in Muffinförmchen füllen und in 30 Minuten im Gefrierfach etwas fest werden lassen. Das Frosting auf dem Kuchen verteilen und diesen vor dem Servieren nochmals für 30 Minuten ins Gefrierfach stellen.

Für den Kuchen

140 getrocknete Datteln

270 g Karotten

130 g Haferflocken

100 g Kokosflocken

1 TL Zimtpulver

1 TL gemahlene Kurkuma

1 Prise Meersalz

1 Schuss Zitronensaft

Für das Frosting

140 g Cashewkerne

50 g Haselnusskerne

120 ml Honig

5 EL Zitronensaft

1 EL geriebener Ingwer

1 EL abgeriebene Bio-Zitronenschale

164

Für so viel, wie man machen möchte

frische Feigen

Kiwi

Erdbeeren

dunkle Schokolade

1 EL Kokosöl pro 100 g Schokolade

Für das Topping

grobes Meersalz

Rosenpfeffer

gehackte Nusskerne

Kokosflocken

Schnelles
Schoko-Obst

Feigen und Erdbeeren putzen, waschen und
abtrocknen. Die Kiwi schälen. Kiwi und Feigen in
Scheiben schneiden.

Die Schokolade grob hacken und über einem
heißen Wasserbad schmelzen und 1 EL Kokosöl
pro 100 g Schokolade unterrühren.

Meersalz, Pfeffer, gehackte Nusskerne und
Kokosflocken jeweils auf einem kleinen flachen
Teller verteilen. Das Obst erst in die Schokolade,
dann nach Belieben in die Toppings tunken und
auf einem mit Backpapier belegten Rost trock-
nen lassen.

Für 2–4 Portionen

Für die Basis
3 EL Kokosöl
50 g Popcorn-Mais

Zum Würzen
süß: 1 TL Zimtpulver und das Mark
einer Vanilleschote
herzhaft: 1 Prise Meersalz und Ras el
Hanout oder Zatar
frisch: 5-6 Tropfen Minzaromen und
1 EL Kakaopulver

Popcorn

Das Öl in einem weiten Topf bei mittlerer Hitze erhitzen. Mais dazugeben, sodass der Topfboden gleichmäßig bedeckt ist. Den Topf mit einem Deckel verschließen und den Mais bei niedriger Hitze in 4–5 Minuten aufpoppen lassen.
Den Topf kurz durchrütteln und geschlossen lassen, bis keine Plop-Geräusche mehr zu hören sind. Das fertige Popcorn in eine große Schüssel geben und nach Belieben würzen: Süß wird es mit 1 TL Zimtpulver und dem ausgekratzten Mark von 1 Vanilleschote. Für herzhaftes Popcorn je 1 gute Prise Meersalz und Ras el Hanout oder Zatar untermischen. Und eine frische Note bringen 5–6 Tropfen Minzaroma und 1 EL Kakaopulver in das Knabbervergnügen.

Für 4 Portionen

420 g fettreduzierte Kokosmilch

1 Prise Meersalz

3 EL Rohrzucker

1 Msp. Vanillemark

3 EL rohes Kakaopulver

30 g Speisestärke

30 g Kokosflocken

1 TL Chilipulver

20 g dunkle Schokolade

Kokos-Schoko-Mousse

Vor dem Öffnen die Kokosmilchdose gut schütteln. In einem kleinen Topf etwa die Hälfte der Koksmilch, Salz und Zucker leicht zum Simmern bringen. In der Zwischenzeit den Rest der Kokosmilch mit Vanille und dem Kakao gut vermengen. Wenn die Kokos-Zucker-Mischung gut warm ist, etwa ein Drittel entnehmen und in einer Tasse mit der Stärke vermengen, anschließend unter ständigem Rühren langsam wieder zurück zur restlichen Zuckermischung in den Topf geben. Bei niedrigster Hitze unter Rühren alles eindicken lassen. Den Topf vom Herd nehmen, die Mischung etwas abkühlen lassen und die Kokos-Kakao-Mischung unterrühren. Die Masse auf vier Förmchen verteilen und im Kühlschrank vollständig auskühlen lassen.

Die Kokosflocken in einer Pfanne ohne Fett rösten, abkühlen lassen und kurz vor dem Servieren mit Chili und etwas Meersalz auf die fertige Mousse streuen.

Nach Belieben die dunkle Schokolade über das Mousse raspeln.

Portion für einen Fernsehabend
mit 2–4 lieben Menschen

150 g Cashewkerne

150 g Mandeln

100 g Erdnusskerne

2 EL Kokosöl

40 g Rohrzucker

2 TL Meersalz

1 EL Chiliflocken

1 TL Zimtpulver

1 TL Kümmelsamen

Totally-Nuts-Knabbernüsse

Den Backofen auf 200 °C vorheizen. Die Nüsse mit Öl und Zucker vermengen, auf einem mit Backpapier ausgelegten Backblech verteilen und im heißen Ofen ca. 15 Minuten backen, dabei mehrmals wenden. In der Zwischenzeit die restlichen Zutaten in einer Schüssel gut vermengen und die heißen Nüsse dazugeben. Alles gut durchrühren und abkühlen lassen.

172

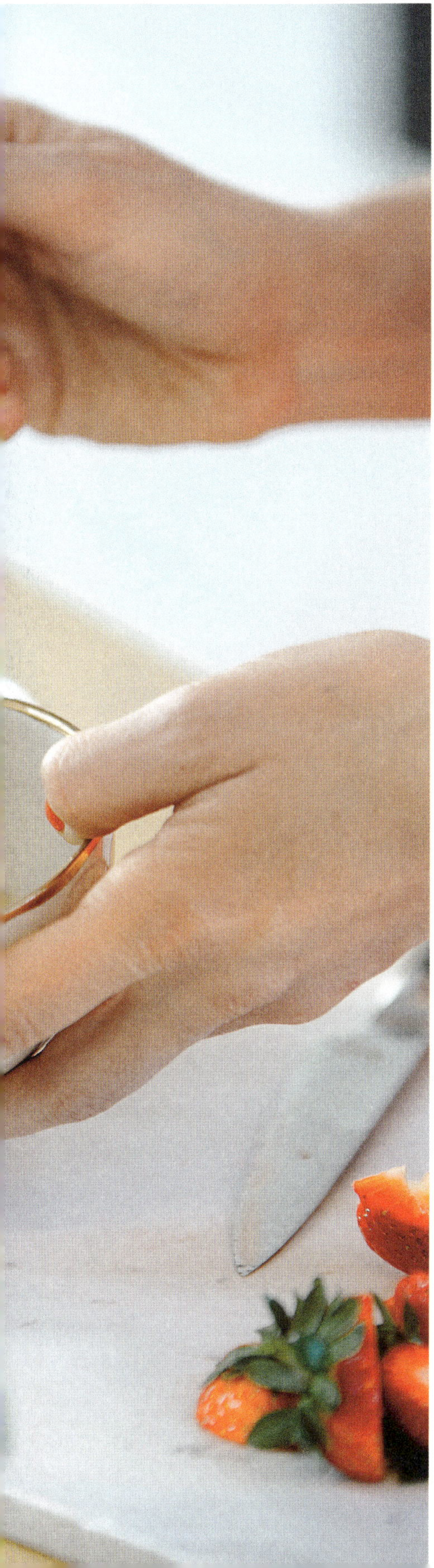

Für je 2 Portionen
2 Bananen
1 Prise Meersalz

Super-easy-Banana-Nicecream mal 4

Die Bananen schälen, in Stücke schneiden und über Nacht in einem geschlossenen Behälter im Gefrierfach einfrieren. Am nächsten Tag die Bananenstücke mit dem Meersalz im Blender zu cremigem Eis pürieren und sofort servieren.

Peanut Butter
Zusätzlich 1 EL Erdnussmus mit in den Blender geben und grob gehackte gesalzene Erdnüsse unter das fertige Eis rühren.

Dark Chocolate
3 EL Kakaopulver und 2 EL Nussmilch mit den Bananen im Blender pürieren und 2 EL gehackte dunkle Schokolade unter das fertige Eis ziehen.

Mango-Passionsfrucht
½ Mango schälen, das Fruchtfleisch zuerst vom Stein, dann in Würfel schneiden und mit den Bananen im Blender pürieren. Kerne und Saft von 1 Passionsfrucht und 1 TL rosa Pfefferbeeren unter das fertige Eis ziehen.

Zimt-Apfel
¼ Apfel schälen, vom Kerngehäuse befreien. Apfel und 1 TL Zimtpulver mit den Bananen im Blender pürieren und die grob gehackten Mandeln unter das fertige Eis ziehen.

Für 2 Portionen

8 Minzblätter

½ Ananas

60 g Palmzucker

200 g Kokosmilch

ausgepresster Saft von 1 Limette

1 Prise Meersalz

Ananas-Kokos-Sorbet

Den Backofen auf 200 °C vorheizen. Minze waschen und abtrocknen.
Die Ananashälfte vom Grün befreien, ungeschält in eine feuerfeste
Form legen und im heißen Ofen auf der mittleren Schiene etwa 1 Stunde
backen, anschließend mindestens 15 Minuten abkühlen lassen.
Inzwischen in einer beschichteten Pfanne den Zucker zusammen mit
50 ml Wasser und 50 g Kokosmilch erhitzen und rühren, bis sich der Zu-
cker aufgelöst hat. Die Pfanne vom Herd nehmen und Minze, Limettensaft und Salz unter die Zucker-Kokosmilch-Mischung rühren.
Die gebackene Ananas von Schale und Strunk lösen, in Stücke schneiden
und zusammen mit der Kokosmilch-Zucker-Mischung und der restlichen
Kokosmilch im Blender zu einer cremigen Masse mixen.
Das Püree entweder in der Eismaschine nach Anleitung kühlen oder in
eine flache Form füllen und für etwa 1 Stunde im Gefrierfach kühlen. Die
Masse weitere 3 Stunden im Gefrierfach lassen, dabei alle 30 Minuten
gut durchrühren. Anschließend zugedeckt mindestens 4–5 Stunden,
besser über Nacht, völlig durchfrieren lassen. Vor dem Servieren kurz
antauen lassen und auf zwei Schälchen verteilen.

Für 1 Kuchen

Für den Boden
180 g Walnusskerne
6 Datteln
1 Prise Meersalz

Für das Topping
frische Erdbeeren

Für die Creme
20 g frische Minze
240 g Magerquark oder Avocadofruchtfleisch
1 EL Matcha-Pulver
6 EL Ahornsirup
3 EL Kokosöl
ausgepresster Saft von 2 Limetten

Erdbeer-Matcha-Cheesecake

Für den Kuchen Nüsse, Datteln und Salz mit einem Schuss Wasser im Blender glatt pürieren. Den Teig als Boden in eine Tarteform drücken und etwa 3 cm Rand formen. Tarteform für mindestens 2 Stunden ins Gefrierfach stellen.

Für die Füllung die Minze waschen, trocken schütteln und die Blättchen abzupfen. Minze mit allen übrigen Füllungszutaten im Blender pürieren. Die Creme auf dem Boden verteilen. Den Cheesecake im Gefrierschrank nochmal 2 Stunden kalt stellen.

Für das Topping die Erdbeeren putzen, waschen, abtrocknen und dekorativ auf dem Kuchen verteilen.

Für 8–10 Riegel

Für die Schokoböden
240 ml Kokosöl
80 g Kakaopulver
ausgekratztes Mark von 1 Vanilleschote
60 ml Reismalzsirup

Für die Füllung
120 g Cashewkerne
20 g Kokosflocken
120 g Kokosmilch
60 ml Kokosöl
40 g Baby-Spinat
¼ Bund Minze
2–4 Tropfen Pfefferminzöl

After-Eight-Bars

Die Zutaten für die Schokoböden in eine Schüssel geben, gut vermengen und die Hälfte in Muffin-, Keks- oder Brownieformen füllen. Die Formen für mindestens 10 Minuten ins Gefrierfach stellen.

Für die Füllung Cashews, Kokosflocken, Kokosmilch und Kokosöl im Blender glatt pürieren. Spinat und Minze waschen, abtrocknen und mit dem Minzöl zum Cashewmus in den Blender geben. Alles pürieren, bis eine glatte Masse entsteht. Die Masse auf den Schokoböden verteilen und die Riegel nochmals 30 Minuten anfrieren lassen. Restliche Schokobodenmasse darauf verteilen und die After-Eight-Bars über Nacht im Gefrierschrank durchkühlen lassen.

Für etwa 10 Stück

Für den Boden
8 Medjool-Datteln
220 g Cashewkerne
40 g Kokosflocken
3 EL Reismalzsirup

Für das „falsche" Karamell
150 g Medjool-Datteln
60 ml Kokosöl
125 g Tahini (Sesammus)
120 ml Reismalzsirup
Mark einer Vanilleschote
1 Prise Meersalz

Für die Schokolade
40 g Kakaopulver
120 ml flüssiges Kokosöl
60 ml Ahornsirup

Superfood-Karamell-Ecken

Für den Boden die Datteln entsteinen und würfeln. Die Cashews im Blender pürieren, Kokosflocken zugeben und pulsierend untermixen, dann restliche Bodenzutaten untermixen. Den Teig in eine mit Backpapier ausgekleidete Form pressen und einfrieren.

Für das Karamell alle Zutaten glatt pürieren, auf dem Boden verteilen und den Kuchen für mindestens 2 Stunden ins Gefrierfach stellen.
Alle Zutaten für die Schokoladensauce in einer Schüssel gut vermengen und auf dem Kuchen verteilen. Diesen mindestens nochmal 30 Minuten ins Gefrierfach stellen und vor dem Servieren in zehn Rechtecke schneiden.

Für etwa 10 Pralinen

Für den Teig
240 g Erdnussbutter
120 g Cashewmus
1 TL Mesquite-Pulver
120 ml Ahornsirup
100 g Kokosnussfruchtfleisch

Für die Glasur
240 ml flüssiges Kokosöl
80 g Kakaopulver
120 ml Ahornsirup
Mark von 1 Vanilleschote

Erdnusspralinen
im Schokohemd

Alle Teigzutaten bis auf das Kokosfleisch im Blender glatt pürieren, dann das Kokosfleisch in grobe Stücke schneiden, zugeben und alles zu einer glatten Creme pürieren. Diese in eine flache Form füllen, für 30 Minuten im Gefrierfach leicht anhärten, anschließend zu einer Rolle formen und wieder ins Gefrierfach legen.

Die Glasurzutaten in einer Schüssel gut verrühren. Die Teigrolle in zehn Stücke schneiden, diese in die Glasur tauchen und auf einem Backpapier platzieren. Pralinen im Gefrierfach aushärten lassen.

Unsere Food Heroes

Da wir es mussten, haben wir sehr viel Fachliteratur gelesen, uns bei verschiedenen Ärzten informiert und am Ende unseren eigenen Weg gefunden, um weiterhin die Freude am Kochen zu behalten. Hier haben wir einige unserer Erfahrungen in Form von überschaubaren Listen zusammengetragen, die einfache Grundregeln einer gesunden Ernährung und unsere absoluten Food Heroes enthalten.

Glykämischer Index

Der glykämische Index sagt uns, wie schnell oder langsam der Blutzuckerspiegel beim Verzehr eines Lebensmittels steigt. Je höher er ausfällt, desto mehr Glukose wird vom Körper aufgenommen, und desto deutlicher fällt der Blutzuckerspiegel nach kurzer Zeit auch wieder ab. Empfehlenswert sind Lebensmittel mit einem glykämischen Index unter 60.

Lebensmittel mit niedrigem glykämischen Index

Lebensmittel	Glykämischer Index	Lebensmittel	Glykämischer Index
Aprikosen	20	Lachs	0
Avocado	10	Linsen	22
Birnen	35	Mango	50
Blattsalate	10	Milch	30
Blumenkohl	15	Nüsse	20
Bohnen	22	Orangen	35
Brokkoli	10	Paprika	10
Buchweizen, Grünkern	55	Pilze	15
Erbsen	40	Porridge	49
Erdnussmus	25	Quinoa	35
Fenchel	15	Radieschen	30
Granatapfel	35	Rosenkohl	15
Grapefruit	25	Rote Bete, gekocht	65
Gurke	10	Spargel	15
Hummus	25	Spinat	15
Ingwer	15	Süßkartoffeln	50
Joghurt	30	Thunfisch	0
Kakao	20	Tomaten	10
Karotten	30	Vollkornmehl	40
Kohl	10	Vollkornnudeln	50
Kokosnuss	35	Wildreis	35
Kürbis	75	Zucchini	10

Fettsäuren

Fettsäuren können in verschiedenen Ausprägungen vorkommen: gesättigt, einfach ungesättigt und mehrfach ungesättigt. Dabei gelten die mehrfach ungesättigten als die gesündesten, die gesättigten als eher ungesund. Erkennen lassen sich die verschiedenen Varianten der Fette sehr leicht an ihrer Konsistenz. Je härter, desto gesättigter und damit desto ungesünder. Wenn ein Fett also auch im Kühlschrank noch flüssig bleibt, beinhaltet es vermutlich ungesättigte Fettsäuren. Chemisch betrachtet gibt es Omega-3-, Omega-6- und Omega-9-Fettsäuren, die man nach dem Aufbau ihrer Molekülketten unterscheidet und die sehr unterschiedlich Einfluss auf unseren Körper nehmen. Aus den Omega-6-Fettsäuren beispielsweise entstehen Botenstoffe, die Entzündungen im Körper fördern, die Omega-3-Fettsäuren wiederum wirken diesen direkt entgegen und liefern entzündungshemmende Botenstoffe. Eine der Fettsäuren, die Entzündungen im Körper auslösen und verstärken kann, ist die Arachidonsäure, deren Aufnahme man daher in Grenzen halten sollte. Richtige Power-Foods sind hingegen Lebensmittel, die viele Omega-3-Fettsäuren enthalten.

Hier verstecken sich Omega-3-Fettsäuren

Lebensmittel	Omega-3-Fettsäure Gramm pro 100g
Avocado	0,2
Hering	29
Kabeljau	51
Lachs	44
Leinöl	56
Makrele	42
Rapsöl	9
Walnuss	9
Walnussöl	14

So viel Arachidonsäure steckt in ...

Lebensmittel	Arachidonsäure mg pro 100g
Butter	83
Ei-freie Teigwaren	0
Eigelb	300
Forelle	30
Gemüse	0
Huhn	42
Kabeljau	3
Kalbfleisch	62
Lachs	300
Milch (3,5 % Fett)	4
Obst	0
Pflanzenmargarine	0
Pflanzenöle	0
Rindfleisch	49
Thunfisch	280

Ballaststoffe

Ballaststoffe sind nicht verdauliche Pflanzenfasern, die helfen, die Zuckeraufnahme im Darm zu verlangsamen. Durch den längeren Verdauungsprozess bleiben wir nicht nur länger satt, die Ausschüttung von Insulin wird auch verlangsamt, wodurch unser Körper weniger Fett speichert.

Ballaststoffreiche Lebensmittel

Lebensmittel	Ballaststoffgehalt in Gramm pro 100 Gramm Nahrung
Avocado	7,0
Datteln	9,0
Erbsen	5,4
Fenchel	3,9
Grünkohl	4,0
Haferflocken	9,5
Haselnuss	8
Heidelbeeren	4,9
Kichererbsen	17
Kidneybohnen	21,0
Linsen	10,6
Mandeln	13,5
Pastinaken	4,7
Pilze	4,5– 6,0
Rosenkohl	4,0
Rote Bete	2,4
Walnuss	6,2
Weizenkleie	45,1
Zitrone	5,0

Vegetarische Proteine

Unser Körper benötigt Eiweiß und Proteine, um richtig und gesund arbeiten zu können. Diese müssen aber nicht immer aus Fisch oder Fleisch kommen, auch einige pflanzliche Lebensmittel strotzen nur so davon.

Ohne Fleisch kein Eiweiß? Und ob!

Lebensmittel	Eiweiß in Gramm pro 100 Gramm Lebensmittel
Avocado	2
Blumenkohl	3
Brokkoli	4
Cashewnüsse	21
Chia	21
Erdnussmus	29
Fenchel	2,4
Grüne Erbsen	8
Grünkohl	3,8
Halloumi	22
Kichererbsen	20
Kidneybohnen	21
Kürbiskerne	32
Linsen	24
Mandelmus	29
Mandeln	18
Parmesan	30
Passionsfrucht	2
Rote Bete	1,9
Sesam	18
Spargel	1,9
Spinat	2
Süßkartoffel	1,6
Ziegenkäse	22,4
Zuckerschoten	4

Vitamine satt

Wer sich gesund ernähren möchte, der kann auf Vitamine und Spurenelemente nicht verzichten. Denn sie sind die wahren Superhelden unserer Ernährung.

Vitaminlieferanten

Vitamin/Spurenelement	Da stecken sie drin...
Vitamin A, Beta-Karotine	Gelbes, oranges, rotes und dunkelgrünes Obst, Salat, Gemüse und Kräuter (Karotten, Spinat, Mangold, Aprikosen, Dill, Petersilie etc.)
Vitamin C	Zitrusfrüchte, Kiwi, Beerenobst, Paprika, Brokkoli, Rosenkohl
Vitamin E	Vollkornprodukte, Nüsse, Samen, pflanzliche Fette
Kupfer	Vollkornprodukte, Nüsse, Samen, Pflaumen, Bananen, Bohnen, Erbsen
Selen	Paranuss, Fisch, Kokosnuss, Pilze
Zink	Vollkorngetreide, Nüsse, Weizenkeime, Milchprodukte, Bohnen, Paranuss

Impressum

© 2017 GRÄFE UND UNZER VERLAG GmbH, München

Projektleitung: Florian Fischer
Lektorat: Florian Fischer, Cora Wetzstein
Korrektorat: Adelheid Schmidt-Thomé
Food-Fotografie: Joerg Lehmann
Weitere Fotografie: Schelke Bonnetsmüller (Seiten 12, 20, 22,
31, 71, 80, 81, 99, 100, 113, 126, 127, 154, 164, 172/173, 188 191),
Marina Jerkovic (Seiten 4, 5, 6, 7, 8, 11, 13, 14/15, 16, 18, 19,
24, 25, 26, 27, 28, 29, 34, 35, 45, 48/49, 58, 59, 66/67, 76,
101, 102, 123, 124, 139, 148, 149, 152, 169, 172, 173, 177, 181,
186/187, Nachsatz), Papa (Vorsatz, Seiten 9, 10)
Umschlaggestaltung und Layout: Martina Baldauf, herzblut02
Herstellung: Markus Plötz
Satz: KONTRASTE :: Graphische Produktion
Reproduktion: Repro Ludwig, Zell am See
Druck und Bindung: Firmengruppe APPL, Wemding

Mit herzlichem Dank an *Vitamix, meine Kochwerkstatt GmbH*
und an *Standl 20* für die freundliche Unterstützung und
Zusammenarbeit sowie an *annawesterlund.com* (Requisite).

ISBN 978-3-8338-6029-4
1. Auflage 2017
www.graefeundunzer-verlag.de
www.facebook.com/gu.verlag

GRÄFE UND UNZER

Ein Unternehmen der
GANSKE VERLAGSGRUPPE

Man könnte meinen, an einer unheilbaren Krankheit zu leiden würde sich verloren, einsam und hilflos anfühlen, das tut es tatsächlich auch immer wieder mal. Aber dank der vielen wunderbaren Menschen in meinem Leben, meiner Familie, meinen Freunden und Kollegen, fühle ich mich vor allem geliebt. Seit meiner Diagnose unterstützen sie alle mich dabei, gesund zu bleiben und das Leben zu genießen. Ja, ich hab Multiple Sklerose, aber das hindert mich nicht daran, jeden Moment bewusst zu erleben und optimistisch nach vorne zu blicken. Gesundheit ist ein kostbares Gut, ebenso Freundschaft, und ich hoffe, dass unsere Geschichte und dieses Buch vielen Menschen dabei hilft, bewusster mit beidem umzugehen. Ich lebe gesund, fühle mich gesund und wünsche mir, dass das noch lange so bleibt.

Danke an alle, die mir täglich dabei helfen!